Ätherische Öle & Essenzen

ÄTHERISCHE ÖLE & ESSENZEN

Aromatherapie
und
Naturheilverfahren

SHIRLEY WHITTON

KÖNEMANN

WIDMUNG

Für Rob
in Liebe

Mit Dank an meine Mentoren:
Pierre Franchomme und Patricia Davis
und an meine Kollegen:
Dr. med. Vivian Lunny, beratende Aromatherapeutin,
und John Sullivan für ihre
Hilfe und Unterstützung
beim Schreiben dieses Buches.

This book was designed and produced by
Quintet Publishing Limited
6 Blundell Street
London N7 9BH

Creative Director: Richard Dewing
Designer: Ian Hunt
Project Editor: Deborah Taylor
Illustrator: Katy Sleight

Original title:
Essential Oils & Essences

Übersetzung aus dem Englischen:
Tanya A. Wegberg, Krefeld
Redaktion und Satz der deutschen Ausgabe:
Thomas Paffen Buchproduktion, Münster
Druck und Bindung:
Sing Cheong Printing Co., Ltd.
Printed in Hong Kong
ISBN 3-89508-525-1

Inhalt

Hinweis

Trotz wachsender wissenschaftlicher Anerkennung basiert dieses Buch überwiegend auf überlieferten Erfahrungen und dient lediglich zur Übung. Die Rezepte ersetzen keine medizinische Behandlung, ihre Anwendung erfolgt auf eigene Verantwortung und eigenes Risiko des Lesers.

Einleitung

Was sind ätherische Öle?

Ätherische Öle sind winzige Duftanteile, die in speziellen Gefäßen der Blätter, Blüten, Samen, Wurzeln oder Zweige aromatischer Pflanzen entstehen und enthalten sind. Vollgepackt mit Heilkraft, verleihen sie der Pflanze ihren Duft, locken Insekten zur Befruchtung an und bieten der Pflanze Schutz vor Bakterien und Pilzen. Dieser Schutz erstreckt sich auch auf uns, wenn wir die Öle herausfiltern und als Heilmittel verwenden, denn sie können antiseptisch, bakterizid, virizid, fungizid, entzündungshemmend, krampflösend, verdauungsfördernd, beruhigend, anregend oder sogar aphrodisisch wirken – je nach der individuellen chemischen Zusammensetzung der Pflanze.

Jedes Öl ist eine einzigartige und hochkonzentrierte Zusammensetzung von natürlichen Chemikalien. Pflanzensäure, Alkohole, Aldehyde, Ester, Ketone, Phenole und Terpene zählen zu den wertvollen therapeutischen Bestandteilen, und diese Tatsache hat Öle zum Objekt intensiver wissenschaftlicher Erforschung gemacht, besonders in der zweiten Hälfte dieses Jahrhunderts.

Die Ursprünge der Aromatherapie

Unsere Vorfahren kannten die Heilanwendung von Aromen vermutlich viel besser als wir.

Viele der Zitrus-, Gewürz- und Blütenaromen, die für uns heute selbstverständlich sind, kamen in der Zeit der Kreuzzüge aus dem Mittleren Osten nach Europa. Das gilt auch für das Wissen und den Sachverstand, denn in Persien war die Kunst der Destillation schon um das 11. Jahrhundert bekannt. Ärztliche Rezepte wurden zum *Al Attar* oder Parfümhändler getragen, und Attar (Rosenwasser), wohl eines der ersten reinen destillierten ätherischen Öle, gilt noch heute als elementarer und wertvoller Bestandteil jeder Aromatherapie.

Moderne Aromatherapie

Der französische Biochemiker und Parfümeur René Maurice Gattèfosse war der erste, der den Begriff „Aromatherapie" im Jahre 1937 verwendete. Den größten Teil seines Lebens verbrachte er mit Experimenten mit ätherischen Ölen, und seine wertvolle Arbeit beeinflußte Forscher wie Dr. Jean Valnet (dessen Buch *The Practice of Aromatherapy* nach wie vor ein Standardwerk ist) und Marguerite Maury, die ätherische Öle mit Massage kombinierte. Ihre Leidenschaft für ätherische Öle und die bemerkenswerten Resultate, die sie in ihren Kliniken in Paris, der Schweiz und London erzielte, werden in dem faszinierenden Buch *The Secret of Life and Youth* beschrieben, das erstmals 1964 veröffentlicht wurde.

Was bewirken ätherische Öle?

Massagen, Bäder, Inhalationen und Parfüms sind die besten Methoden, um mit ätherischen Ölen unser Leben zu bereichern. Während einer aromatherapeutischen Sitzung sorgen die Wohltaten von Duft und Berührung – in Verbindung mit der Fachkenntnis des Therapeuten – für eine Aufnahme der Öle durch das Körpergewebe. Wichtig zu wissen ist, daß Öle auf verschiedenen Ebenen wirken können und idealerweise gemischt werden sollten, um dem Charakter des jeweiligen Patienten mit seinem Problem gerecht zu werden und nicht nur dem Problem selber. Dieses Buch ist ein Versuch, Rezepte für jedermann zu bieten, aber der Leser sollte sich stets vor Augen halten, daß die Symptome einer Krankheit oder eines Unwohlseins oftmals nur das äußere Anzeichen einer tieferen, dahinter verborgenen Ursache sind, die erkannt und behandelt werden muß, wenn wahre Gesundheit und echtes Wohlbefinden das Ziel sind.

Gewinnungs-methoden

Welche gibt es?

Die meisten Öle werden durch Dampfdestillation gewonnen, manche auch durch Auflösung, wieder andere, wie Zitrusöle, durch Auspressen.

Destillation

Dies ist die am häufigsten verwendete Methode, um reinste ätherische Öle zu gewinnen. Wegen der damit verbundenen hohen Temperatur ist sie jedoch für exotischere Düfte wie Rose, Neroli oder Jasmin weniger geeignet.

Das Pflanzenmaterial wird in einen Destillierapparat gegeben und mit Wasser, Dampf oder beidem erhitzt. Die intensive Hitze läßt die winzigen Gefäße, die das Öl enthalten, aufplatzen und ihren Inhalt in den entstehenden Dampf abgeben. Dieser wird in einen Kondensator geleitet und abgekühlt, wodurch er sich wieder in Flüssigkeit verwandelt. Diese Flüssigkeit, die nun aus Öl und Wasser besteht, wird getrennt. Zurück bleiben das reine ätherische Öl und das Destillationswasser, das aromatische Hydrosol.

Auflösung

Dies ist die populärste Methode, um stark duftende Blütenöle zu gewinnen; eine leicht abgewandelte Methode kann auch bei Gummi und Harz angewendet werden. Hierbei wird das Pflanzenmaterial mit dem Lösungsmittel in ein Gefäß gegeben und so erhitzt, daß das Lösungsmittel die Öle extrahiert. Das entstehende Gemisch wird gefiltert und ergibt dann das sogenannte Concrete. Anschließend wird es mit Alkohol gemischt, gekühlt und gefiltert. Der verdunstete Alkohol hinterläßt ein stark duftendes Öl, das man Absolue nennt. Fortgeschrittenere Methoden der Auflösung benötigen dazu weniger Alkohol.

Auspressen

Nur bei Zitrusölen: Hier werden die Schalen einfach in einer Maschine (manchmal auch von Hand) zerdrückt, um ihre Öle freizusetzen.

Enfleurage

Eine hochspezialisierte und wenig benutzte Methode der Extraktion, die ausschließlich bei hochwertigen Blütenölen angewendet wird. Frisch geerntete Blütenblätter werden auf Öl in Glasrahmen ausgebreitet und alle 24 Stunden ersetzt, wenn das Öl mit den ätherischen Ölen gesättigt ist. Die so entstehende Mischung, die man als Pomade bezeichnet, wird mit Alkohol gereinigt, der dann verdunstet und nur das Duftöl zurückläßt.

Mazeration

Bei dieser Vorgehensweise werden Blumen in heißes Öl eingetaucht, das das Pflanzenöl absorbiert. Das Pflanzenmaterial wird entfernt, zurück bleibt ein „durchtränktes“ Öl.

Ätherische Öle im Haushalt

Sicherheit

Ätherische Öle sind hochkonzentrierte Substanzen und sollten daher mit Respekt behandelt werden. Die folgenden Richtlinien sind wichtig.

- **Verwenden Sie nur reine, hochwertige, unverfälschte Öle.**
- **Verwenden Sie niemals unverdünnte ätherische Öle direkt auf der Haut, außer auf therapeutischen Rat hin (Lavendel kann z. B. für die Erste Hilfe verwendet werden).**
- **Wenn Sie ätherische Öle mit einem Trägeröl mischen, überschreiten Sie nie eine maximale Konzentration von zwei oder drei Prozent für eine Körpermassage und eineinhalb Prozent für das Gesicht.**
- **Bei Kindern unter sieben Jahren sollte nur Lavendel verwendet werden.**
- **Führen Sie immer den empfohlenen Hauttest durch, bevor Sie ein ätherisches Öl zum ersten Mal benutzen.**
- **Benutzen Sie ätherische Öle nicht täglich und nicht längere Zeit dasselbe.**
- **Bewahren Sie ätherische Öle kindersicher auf, und lassen Sie sie nicht in die Augen gelangen.**
- **Ätherische Öle niemals innerlich anwenden.**
- **Nehmen Sie niemals ätherische Öle anstelle von verschriebenen Medikamenten.**

Massage

- **Niemals über jüngeres Narbengewebe oder Hautinfektionen massieren, bei Herz- und Gefäßerkrankungen oder bei Krebs.**
- **Nur leicht massieren über Krampfadern, über den Unterleib bei Schwangerschaft oder an den ersten drei Tagen der Periode. Halbieren Sie die empfohlene Konzentration, und meiden Sie die folgenden Öle: Salbei, Jasmin, Wacholder, Majoran, Myrrhe, Pfefferminz, Rose, Rosmarin.**
- **Die folgenden Öle können bei empfindlicher Haut Reizungen hervorrufen: Ingwer, Limone, Rosmarin, Kiefer, Benzoe (wenn es nicht rein ist).**
- **Nehmen Sie wenigstens 24 Stunden lang keine Sonnenbäder oder Bestrahlungen mit UV-Lampen, wenn Sie ein Zitrusöl verwandt haben, insbesondere Bergamotte.**

Die oben genannten Sicherheitsregeln beziehen sich nur auf die in diesem Buch aufgeführten Öle. Daneben gibt es Öle, die nicht oder nur mit größter Vorsicht, in kleinsten Mengen und nicht bei Kindern verwendet werden sollten, da sie insbesondere Ketone als giftige Substanzen enthalten. Folgende unvollständige Übersicht soll Ihnen eine Orientierungshilfe bieten:

Öle mit besonders hohem Ketongehalt: Beifuß, Poleiminze, Raute, Santolina, Schopflavendel, Wermut, Ysop.

Öle mit etwas geringerem Ketongehalt: Kampfer, Salbei, Speik-Lavendel.

Öle mit niedrigem Ketongehalt: Atlaszeder, Eucalyptus polybractea, Pfefferminze, Rosmarin typ campher, Schafgarbe.

Vergleichsweise problemlose Öle: Eukalyptus, Rosmarin typ verbenon, Strohblume, Vetiver.

Eine vollständige Liste problematischer Öle erhalten Sie bei der
INTERNATIONAL FEDERATION OF AROMATHERAPISTS
STAMFORD HOUSE
2–4 CHISWICK HIGH ROAD
LONDON W4 1TH
ENGLAND

AUFBEWAHRUNG

Wenn Sie diesen einfachen Richtlinien folgen, haben Ihre Öle (außer Zitrus) eine Lebensdauer von ungefähr zwei Jahren:

- Bewahren Sie Öle in dunklen Glasflaschen auf.
- Bewahren Sie sie bei Raumtemperatur und vor Sonneneinstrahlung geschützt auf.
- Kaufen Sie nur kleine Mengen.
- Halten Sie die Gefäße gut verschlossen, und öffnen Sie sie nicht zu häufig.
- Überprüfen Sie alle Zitrusöle nach drei Monaten, und ersetzen Sie sie nach sechs Monaten.

DURCHFÜHRUNG EINES HAUTTESTS

Dies ist sehr wichtig, wenn Sie eine empfindliche Haut haben oder zu allergischen Reaktionen neigen.

Vermischen Sie einen Tropfen Öl mit einem Teelöffel Trägeröl. Reiben Sie ein wenig davon in Ihre Armbeuge, und lassen Sie es dort 24 Stunden einwirken. Falls irgendeine Reaktion erfolgt, sollten Sie das Öl nicht verwenden. Das gleiche Vorgehen gilt für Trägeröle, wenn Sie diesbezüglich unsicher sind.

KÖRPERMASSAGE DURCHFÜHREN

Ätherische Öle lösen sich nicht in Wasser auf, dagegen aber in pflanzlichem Öl sowie für manche Zwecke in Alkohol. Verwenden Sie für die Massage ein Trägeröl wie Mandel oder Macadamianuß oder gelegentlich ein durchtränktes Öl wie Johanniskraut oder Ringelblume.

KÖRPER

Empfehlenswert ist eine maximale Konzentration von zwei oder drei Prozent, das sind zwei oder drei Tropfen ätherisches Öl auf 100 Tropfen Trägeröl. Fünf ml (ein Teelöffel) entsprechen 100 Tropfen Öl.

GESICHT

Halbieren Sie die Konzentration im Trägeröl. Spannen Sie die Haut nicht, und bringen Sie das Öl nicht in die Augen.

Stellen Sie sicher, daß der Raum gut beheizt ist, und halten Sie reichlich Handtücher bereit. Setzen Sie die Person verkehrt herum auf einen Stuhl, oder lassen Sie sie auf einer weichen Unterlage auf dem Boden liegen, gegen Zugluft geschützt. Tragen Sie bequeme Kleidung.

Stellen Sie das Öl in einer Untertasse oder Schale bereit. Nehmen Sie so viel Öl, daß es gerade Ihre Handflächen bedeckt. Geben Sie das Öl immer zuerst in Ihre Hände, niemals direkt auf den Körper.

Dies sind die drei Hauptgriffe jeder Massage:

EFFLEURAGE

Wird mit der Handfläche und geschlossenen Fingern ausgeführt, gewöhnlich auf Rücken, Beinen und Brust. Kräftig, aber sanft, um Gemüt und Emotionen zu beruhigen. Höherer Druck kann den Kreislauf anregen. Alle kräftigen Bewegungen verlaufen in Richtung Herz. Massieren Sie immer nur das weiche Gewebe. Bearbeiten Sie den Unterleib sehr vorsichtig und niemals direkt das Rückgrat.

PETRISSAGE

Kräftigerer Druck der Daumen. Nützlich in der Schultergegend, auf Waden, Knien und Knöcheln.

KNETEN

Sanftes Rollen und Zusammendrücken des Gewebes, ähnlich wie beim Teigkneten. Am besten an den fleischigeren Körperregionen.

HÄNDE UND FÜSSE

Benutzen Sie hier Ihre Daumen mit ein klein wenig Öl. Eine Fußmassage entspannt, belebt und ist sehr wohltuend.

BÄDER

VOLLBAD
Lassen Sie ein Bad mit angenehmer Temperatur ein (nicht zu heiß). Fügen Sie maximal sechs Tropfen hinzu, unmittelbar bevor Sie in die Wanne steigen. Ätherische Öle lösen sich im Wasser nicht auf, was das Risiko einer Hautreizung erhöht; deshalb sollten Sie die intensiveren Öle wie Schwarzer Pfeffer, Ingwer oder Pfefferminz meiden.

KINDERBAD
Verwenden Sie die Hälfte der empfohlenen Menge, und lösen Sie das Öl zunächst in einem Trägeröl oder in Milch auf.

SITZBÄDER
Füllen Sie eine normale Wanne zur Hälfte, oder benutzen Sie eine große Schüssel, und fügen Sie die empfohlene Anzahl Tropfen hinzu. Falten Sie zwei kleine Handtücher, und legen Sie sie so hin, daß Sie mit einem Handtuch unter jeder Pobacke bequem sitzen können. Falls erforderlich, nehmen Sie ein weiteres gerolltes Handtuch als Rückenstütze. Fünf bis zehn Minuten einweichen.

MUNDSPÜLUNG/GURGELN
Benutzen Sie nur die vorgeschlagenen Öle, zwei Tropfen auf eine Tasse warmes Wasser. Nicht schlucken.

KOMPRESSEN

Geben Sie die erforderliche Anzahl Tropfen in eine kleine Schüssel mit Wasser, und tauchen Sie ein großes Taschentuch oder einen Waschlappen in die Lösung. Auswringen, auf die betroffene Körperstelle legen und mit Plastikfolie bedecken.

VERDAMPFUNG

DAMPFINHALATION
Maximal vier Tropfen ätherisches Öl in eine Schale mit angenehm heißem Wasser geben. Bedecken Sie Ihren Kopf mit einem Handtuch, und inhalieren Sie eine bis fünf Minuten lang. **Achtung: Asthmapatienten sollten diese Methode nicht anwenden.**

DAMPFINHALATION FÜR KINDER
Nicht für Kinder unter sieben Jahren. Verringern Sie die empfohlene Anzahl Tropfen für Kinder bis zu zehn oder elf Jahren.

GESICHTSSAUNA
Eine Gesichtssauna ist ein großer Plastiktrichter, in dem sich eine kleine Scheibe befindet, auf die man Wasser und maximal zwei Tropfen Öl gibt. Nach dem Einschalten füllt er sich langsam mit Dampf. Halten Sie ihn eine bis fünf Minuten über Ihr Gesicht. Danach Gesicht mit kaltem Wasser abspritzen. Gut für fettige Haut. **Nicht bei empfindlicher Haut anwenden.**

AEROSOLSPRAYS
Ein Pflanzenbesprüher aus Keramik ist am besten geeignet. **Verwenden Sie für das Spray immer destilliertes Wasser:** etwa 30 bis 40 Tropfen Öl auf 250 ml Wasser.

DUFTLAMPEN
Duftlampen bestehen gewöhnlich aus einem kleinen Keramikschälchen mit einer Kerze darunter. Füllen Sie das Schälchen mit Wasser, und geben Sie acht Tropfen ätherisches Öl hinein. **Darf nicht trockenbrennen und niemals unbeaufsichtigt bleiben.**

DUFTBÄLLE
Eine einfache Methode: ätherische Öle auf Wattebällchen träufeln. Sie können damit Zimmerecken oder Schubladen parfümieren.

PARFÜM SELBST HERSTELLEN

MISCHEN
Ein Parfüm zusammenzustellen ist ähnlich wie das Komponieren eines Musikstücks. Die Parfüm„noten“ müssen miteinander harmonieren.

Ätherische Öle werden unterschieden in Kopf-, Herz- und Basisnoten, und ein gutes Parfüm sollte ein ausgewogenes Verhältnis aller drei aufweisen.

Basisnoten sind tief und lang dauernd. Sie sind notwendig, um die Mischung zu „fixieren". Oft halten sie noch lange vor, wenn die übrigen Noten verflogen sind.
Herznoten geben dem Parfüm Seele, sie runden es ab und stellen einen Ausgleich zwischen Basis und Kopf her.
Kopfnoten sind sehr leicht und beschwingt. Sie fallen als erste auf, verfliegen aber auch sehr rasch wieder, falls sie nicht in einem ausgewogenen Verhältnis zu Herz- und Basisnote stehen.

Beim Komponieren Ihres Parfüms beginnen Sie mit der Basisnote und fügen nach und nach die übrigen Noten in kleinen Mengen hinzu, dabei immer wieder gut schütteln und testen.

VEREINFACHTE ÜBERSICHT DER PARFÜMNOTEN
Kopf: Grapefruit, Orange, Limone, Pfefferminz, Eukalyptus.
Kopf bis Herz: Bergamotte, Petitgrain, Lavendel, Kardamom.
Herz: Palmarosa, Geranie, Neroli, Schwarzer Pfeffer, Salbei, Wacholder, Ingwer, Majoran, Pinie, Rosmarin, Rose, Ylang-Ylang.
Herz bis Basis: Zypresse, Jasmin, Rosenblüte, Myrrhe, Sandelholz.
Basis: Weihrauch, Benzoe, Patchouli, Vetiver.

PARFÜMÖL

20–25 ml Jojoba- oder Kokosnußöl
10–15 Tropfen ätherische Öle

Füllen Sie eine dunkle Glasflasche mit dem Trägeröl, und fügen Sie die ätherischen Öle sorgfältig Tropfen für Tropfen hinzu. Dabei schütteln und testen. Verwenden Sie ungefähr 10–15 Tropfen ätherisches Öl auf 20–25 ml Trägeröl. Wenn Sie die Mischung gut verschlossen an einem kühlen Ort etwa eine Woche aufbewahren, setzt sie sich und wird noch intensiver.

EAU DE COLOGNE UND ERFRISCHUNGSWASSER

100 ml destilliertes Wasser
100 ml Orangenblütenwasser
100 ml Rosenwasser
60–70 Tropfen ätherische Öle

Geben Sie das Wasser in eine dunkle Glasflasche, und fügen Sie die ätherischen Öle sorgfältig Tropfen für Tropfen hinzu wie bei dem Parfümöl. An einem kühlen, dunklen Ort ein bis zwei Wochen zum Reifen aufbewahren. Durch Filterpapier in eine neue Flasche gießen.

NÄHRENDE GESICHTSCREME

10 g reines Bienenwachs
5 ml Akazienhonig
10 ml süßes Mandelöl
10 ml Jojobaöl
20 ml Rosen- oder Orangenblütenwasser
1 g Sojalecithin
2 ml Primelöl oder Weizenkeimöl
3 Tropfen ätherische Öle

Bienenwachs, Trägeröle und Honig im Wasserbad bei geringer Hitze langsam vermischen. Das Blütenwasser auf die ungefähr gleiche Temperatur bringen und hinzugeben. So lange schlagen, bis eine cremige Konsistenz erreicht ist. Ätherische Öle in die fast abgekühlte Masse geben. In luftdichten Behälter füllen und kühlstellen.

MILDE FEUCHTIGKEITSCREME

20 ml Jojobaöl
20 ml süßes Mandelöl
20 ml Aloe Vera
20 ml Orangenblütenwasser
15 g Kakaobutter
6 g reines Bienenwachs
3 Tropfen ätherische Öle

Trägeröle, Kakaobutter und Bienenwachs im Wasserbad bei geringer Hitze langsam vermischen. Aloe Vera und Blütenöl auf die ungefähr gleiche Temperatur erwärmen. Bis zum Abkühlen durchrühren. Ätherische Öle hinzufugen, nochmals rühren. In luftdichtes Gefäß geben und kühlstellen.

Die ätherischen Öle

Im folgenden finden Sie eine Liste
aller erhältlichen ätherischen Öle:

Würzig

Schwarzer Pfeffer, Kardamom, Koriander, Ingwer

Krautig

Römische Kamille, Salbei, Majoran, Rosmarin

Medizinisch

Eucalyptus (globulus und citriodora), Honigmyrte, Teebaum

Blumig

Lavendel, Geranie, Palmarosa, Petitgrain

Exotisch

Jasmin, Neroli, Rose, Ylang-Ylang

Balsamisch

Benzoe, Weihrauch, Myrrhe

Zitrusartig

Bergamotte, Grapefruit, Limone, Orange

Pinienartig

Zypresse, Wacholderbeere, Waldkiefer

Minzig

Pfefferminze

Holzig

Sandelholz

Erdig

Patchouli, Vetiver

SCHWARZER PFEFFER

ERMUTIGEND

Dieser altehrwürdige Protagonist des Gewürzhandels galt früher oft als Zahlungsmittel. Er stärkt die Nerven, regt an und reinigt das Verdauungssystem – er bringt die Dinge in Bewegung. Aufgrund seiner anregenden Wirkung auf den Blutkreislauf kann er Steifheit und Schmerzen sowie Blutergüsse an den Gelenken und Muskeln lindern. ***Nicht anwenden bei Entzündungen.*** *Schwarzer Pfeffer wurde früher auch zur Fiebersenkung und Behandlung von Bronchialbeschwerden genutzt, obwohl er zum Inhalieren nicht geeignet ist. Er kann Blähungen lindern und in einigen Fällen von Durchfall und Erbrechen helfen. Für Mutige ist Schwarzer Pfeffer ein anerkanntes Aphrodisiakum.*

EIGENSCHAFTEN UND ANWENDUNG

EMOTIONEN: Müdigkeit, Antriebsschwäche, Konzentrationsstörungen, Impotenz.
ATMUNG: Erkältungen, Fieber, Atemwegsinfektionen.
VERDAUUNG: Sodbrennen, Durchfall, Verstopfung, Übelkeit.
MUSKULATUR: Rheuma, schwacher Muskeltonus.
KREISLAUF: Kreislaufanregung, Aufwärmen vor sportlicher Betätigung.
ANDERE ANWENDUNGEN: Massage, Duftlampe, Aerosol.
PARFÜM: männlicher Duft, verbindet sich gut mit vielen Mischungen.

WARNUNG: Zuviel Schwarzer Pfeffer kann übererregen oder starken Harndrang verursachen. Sensible Haut könnte mit Reizung reagieren.

LATEINISCHER NAME: *Piper nigrum*
PFLANZENART: rebenartiger Strauch
URSPRUNGSLAND: Indonesien
VERWENDBARER PFLANZENTEIL: Beeren
GEWINNUNGSMETHODE: Dampfdestillation
HAUPTBESTANDTEILE: Terpene und Sauerstoffverbindungen
DUFT: warm, trocken, würzig und männlich

Kardamom

STÄRKEND

*Dieses wunderbare Heilmittel, ein beliebtes Wildgewürz und Verwandter des Ingwers, wird seit Jahrhunderten als Anregungsmittel und Aphrodisiakum genutzt. Es wärmt sanft den Magen, lindert Sodbrennen und Übelkeit und löst Gasansammlungen. Ein gutes Herzstärkungsmittel – bringt den Kreislauf in Schwung, macht den Geist frei, regt das Gehirn an –, nützlich bei Verwirrungs- und Erschöpfungszuständen. Kardamom wirkt schleimlösend **(nicht zum Inhalieren geeignet!)** und wird gelegentlich zur Behandlung von Harnstau verwendet. Die Samen selber können zur Verbesserung des Atems gekaut werden.*

Eigenschaften und Anwendung

Emotionen: Erschöpfung, Müdigkeit, Rekonvaleszenz, Konzentrationsmangel, allgemeine Überlastung, Magersucht.
Atmung: Bronchitis, Schnupfen, Grippenachbehandlung.
Verdauung: Blähungen, Sodbrennen, Übelkeit, Koliken, Mundgeruch, Reiseübelkeit.
Muskulatur: Krämpfe, vor und nach dem Sport.
Kreislauf: herzanregend.
Andere Anwendungen: Massage, Duftlampe, Parfüm.
Parfüm: gibt vielen Mischungen eine würzige, geheimnisvolle Note.

Warnung: Kardamom ist nicht als hautreizend bekannt, aber Vorsicht, es handelt sich um ein Gewürzöl.

Lateinischer Name: *Eletteria cardamomum*
Pflanzenart: schilfartiges Kraut
Ursprungsland: Südindien
Verwendbarer Pflanzenteil: Samen
Gewinnungsmethode: Dampfdestillation
Hauptbestandteile: Terpene, Alkohole, Ester, Oxide
Duft: leicht, würzig-süß und stimmungshebend

Koriander

WIEDERHERSTELLEND

Dieses Gewürz ist ein echter Energiespender und ein Stimulans für das Nerven- und das Verdauungssystem. Die Samen selbst können zur Verbesserung des Atems gekaut, als Aperitif verwendet oder zur Magenberuhigung eingenommen werden. Das Öl ist entzündungshemmend, leicht schmerzlindernd, sanft wärmend und belebend. Koriander hilft bei Kälte, bei Neuralgien und rheumatischen Beschwerden, bei Müdigkeit und allgemeiner Erschöpfung sowie bei Appetitmangel. Sein stimulierender Duft kann den Intellekt anregen.

Eigenschaften und Anwendung

Emotionen: Anregung und Belebung, Konzentrationsschwäche.
Verdauung: Krämpfe, Blähungen, Flatulenzen, Durchfall, Übelkeit, Appetitmangel.
Muskulatur: Rheuma, Gicht, Schmerzen und Steifheit, leichte Krämpfe, Neuralgien.
Kreislauf: allgemeine Trägheit, Fieber.
Andere Anwendungen: Massage, Duftlampe, Aerosol.
Parfüm: maskuliner Duft.

Warnung: Sparsam benutzen. Kann in hohen Dosen müde machen. Gelegentlich wird ein geringes Risiko von Lichtempfindlichkeit erwähnt.

Lateinischer Name: *Coriandrum sativum*

Pflanzenart: aromatisches Kraut

Ursprungsland: Europa

Verwendbarer Pflanzenteil: Samen

Gewinnungsmethode: Dampfdestillation

Hauptbestandteile: Terpene, Alkohole (Linalol), Ester und andere (je nach Herkunft)

Duft: angenehm, frisch, mit einem Hauch Anis

Ingwer

NÄHREND

Ein Klassiker der chinesischen Kräuterkunde und ein römisches Aphrodisiakum. Dieses Gewürz findet sich in nahezu jedem Koch- und Pflanzenbuch. Hilfreich bei Kälte und Feuchtigkeit, weil es den Magen wärmt, die Körperflüssigkeiten reguliert sowie die Körpertemperatur erhöht. Ingwer ist besonders bei chronischen Beschwerden hilfreich. Gut für ältere Menschen mit (Winter-)Wetterfühligkeit, Schmerzen und Blutandrang. Sein Duft regt die Verdauungssäfte an, weckt angenehme Empfindungen, die öffnend, stabilisierend und beruhigend wirken.

Eigenschaften und Anwendung

Emotionen: Ängstlichkeit und Zurückgezogenheit, Müdigkeit, allgemeine Erschöpfung.
Atmung: chronische Bronchitis und Blutandrang, Erkältung, Grippe.
Verdauung: Appetitmangel, Übelkeit, Durchfall, Flatulenzen.
Muskulatur: Rheuma, Gelenksteifheit, allgemeine Schmerzen, Hexenschuß.
Kreislauf: allgemeine Trägheit, niedrige Körpertemperatur.
Urogenitaltrakt: Nierenerkältung.
Andere Anwendungen: Massage, Kompressen, Duftlampe, Inhalat.

Warnung: Immer gut verdünnen, Ingwer kann Hautreizungen hervorrufen.

Lateinischer Name: *Zingiber officinalis*

Pflanzenart: schilfartiges Kraut

Ursprungsland: Asien

Verwendbarer Pflanzenteil: Wurzelstock

Gewinnungsmethode: Dampfdestillation

Hauptbestandteile: Terpene, Alkohole (Zingiberol), Aldehyde und andere

Duft: voll, süß und feurig

RÖMISCHE KAMILLE

BESÄNFTIGEND

Der Name dieses beliebten Krautes, das oft in Wiesen eingesät wurde, kommt vom griechischen „kamai melon" und bedeutet „Erdapfel". Aus ihr wird ein mildes, aber vielseitig verwendbares Öl gewonnen, das die Nerven beruhigt und besonders für Kinder, überempfindliche oder zu Allergien neigende Personen geeignet ist.

EIGENSCHAFTEN UND ANWENDUNG

EMOTIONEN: Unruhe, Reizbarkeit, Angst, Zorn, Verstimmung, Schlaflosigkeit, Kopfschmerzen, Migräne, Schock.
ATMUNG: allergische Reaktionen, krampfartiger Husten und pfeifende Atmung.
VERDAUUNG: nervöse Verdauungsstörungen, Koliken, Magenkrämpfe.
MUSKULATUR: Gelenkschmerzen und -entzündungen, Rheuma, Neuralgien, Arthritis.
KREISLAUF: Anregung und Reinigung.
HAUTPFLEGE: empfindliche, trockene, entzündete, allergische, juckende Haut, Ekzeme, geplatzte Äderchen, Ohrenschmerzen.
UROGENITALTRAKT: prämenstruelles Syndrom, Regelschmerzen, Hitzewallungen, Krämpfe, Blasenkatarrh und andere Harnwegsinfektionen.
ANDERE ANWENDUNGEN: Massage, Kompressen, Cremes, Gesichtssauna, Bäder, Sitzbäder, Duftlampe, Aerosol.

WARNUNG: Sparsam und nicht in den ersten Schwangerschaftsmonaten anwenden. Bei einigen Menschen besteht ein geringes Risiko von Hautentzündungen.

LATEINISCHER NAME: *Chamaemelum nobile*

PFLANZENART: niedrigwachsendes Kraut

URSPRUNGSLAND: Europa

VERWENDBARER PFLANZENTEIL: Blüten

GEWINNUNGSMETHODE: Dampfdestillation

HAUPTBESTANDTEILE: hauptsächlich Ester, Alkohole

DUFT: frisch, süßlich, fruchtig

SALBEI

INSPIRIEREND

Salbei, ein vielseitiges Heilmittel, wird gelegentlich zum Verschneiden von Wein und zum Verstärken von Bier verwendet. ***Er sollte mit Vorsicht und nicht bei Kindern verwendet werden.*** *Salbei entspannt den Stoffwechsel, hält jedoch den Geist wach und ist hilfreich bei Müdigkeit und nervöser Erschöpfung. Oft bringt er erholsamen Schlaf, gefolgt von einem Gefühl neuer Tatkraft, falsche Anwendung kann jedoch eine unruhige Nacht zur Folge haben.*

EIGENSCHAFTEN UND ANWENDUNG

EMOTIONEN: nervöse Erschöpfung, Angst, Paranoia, Hysterie, Konzentrationsmangel, Migräne.
ATMUNG: krampfartiger Husten und andere Atemwegsbeschwerden.
VERDAUUNG: anregend, kann Cholesterin- und Blutzuckerwerte senken.
MUSKULATUR: Krämpfe und Verspannungen.
KREISLAUF: Bluthochdruck.
UROGENITALTRAKT: östrogenähnlich, postnatale Depression, prämenstruelles Syndrom, Wechseljahre, Impotenz, Frigidität.
HAUTPFLEGE: bei Entzündungen lindernd und adstringierend.
ANDERE ANWENDUNGEN: Massage, Kompressen, Bäder, Duftlampe.
PARFÜM: zarte Düfte.

WARNUNG: Nicht anwenden während der Schwangerschaft, bei Brustentzündung, in der zweiten Hälfte des Menstruationszyklus, bei Kindern. Unmittelbar nach der Anwendung keinen Alkohol trinken und nicht Auto fahren.

LATEINISCHER NAME: *Salvia sclarea*

PFLANZENART: duftendes Kraut

URSPRUNGSLAND: Mittelmeerraum

VERWENDBARE PFLANZENTEILE: Blätter und Blütenköpfe

GEWINNUNGSMETHODE: Dampfdestillation

HAUPTBESTANDTEILE: Terpene, Ketone (Thujon), Alkohole, Ester, Oxide

DUFT: nussig, rauchig, mit süßen, krautigen Untertönen

MAJORAN

EINDRINGLICH

Majoran wurde während des Mittelalters in Klostergärten gezogen, um „Erkältungsbeschwerden des Kopfes, Magens, der Sehnen und anderer Bereiche" zu behandeln. Er entspannt das Gewebe und erzeugt ein Wärmegefühl. Gut bei Muskel- und Rheumaschmerzen, Zerrungen und steifen Gelenken, besonders bei kalter Witterung. Eignet sich besonders gut bei Spannungskopfschmerzen und tut wohl in einem warmen Bad; mit Lavendel vermischt sorgt er für guten Schlaf.

EIGENSCHAFTEN UND ANWENDUNG

EMOTIONEN: leicht beruhigend, Schlaflosigkeit, Kummer und Sorgen, Hoffnungslosigkeit, Kopfschmerzen, Migräne.

ATMUNG: Bronchitis, Nasennebenhöhlenentzündung, Erkältung, Grippe, Kurzatmigkeit, Reizhusten.

VERDAUUNG: Durchfall, Verstopfung, Koliken.

MUSKULATUR: Krämpfe, Zerrungen, Steifheit, Rheuma, Arthritis, Neuralgien.

KREISLAUF: erweitert Kapillargefäße, trägt zur Entgiftung bei, Bluthochdruck, Herzrasen.

UROGENITALTRAKT: prämenstruelles Syndrom, Regelschmerzen.

ANDERE ANWENDUNGEN: Massage, Kompressen, Bäder, Inhalation, Duftlampe, Aerosol.

WARNUNG: In Maßen verwenden. Nicht während der Schwangerschaft. Nicht bei kleinen Kindern oder Säuglingen anwenden.

LATEINISCHER NAME: *Origanum majorana*

PFLANZENART: duftendes Kraut

URSPRUNGSLAND: Mittelmeerraum

VERWENDBARER PFLANZENTEIL: gesamte Pflanze

GEWINNUNGSMETHODE: Destillation

HAUPTBESTANDTEILE: Terpene, Alkohole, Ester, Oxide

DUFT: warm, krautig, kampferartig

Rosmarin

STIMULIEREND

„Here's Rosemary, that's for Remembrance", sagte schon Shakespeare, und tatsächlich verbessert Rosmarin das Gedächtnis. Er wirkt auf den Blutkreislauf und den Sauerstoffaustausch im Körper, dient dem Flüssigkeitstransport und dem Ausschwemmen von Giften und gilt als gutes Lebertonikum und Hilfsmittel bei der Fettverdauung. Rosmarin wirkt schleimlösend, sein sauberer, frischer Duft reinigend. Er ist hilfreich bei Erkältung, Grippe und allgemeiner Erschöpfung.

Eigenschaften und Anwendung

Emotionen: Depressionen, Verwirrung, Antriebslosigkeit, Müdigkeit, allgemeine Erschöpfung.

Atmung: Bronchitis, Nasennebenhöhlenentzündung und andere Atemwegserkrankungen (**nur in kleinen Mengen inhalieren**), verkeimte Atemluft.

Verdauung: Lebertonikum, Magenschleimhautentzündung, Kater.

Muskulatur: rheumatische Beschwerden, Schmerzen und Steifheit, vor und nach dem Sport.

Kreislauf: anregend und reinigend, Gicht, Flüssigkeitsansammlungen.

Hautpflege: Tonikum für Haar und Kopfhaut, Zellulitis.

Andere Anwendungen: Massage, Inhalation, Duftlampe, Aerosol, Parfüm, Duftbälle.

Parfüm: Eau de Cologne und Erfrischung.

Warnung: Nicht während der Schwangerschaft anwenden. Nicht anwenden bei Epileptikern, Kleinkindern, Säuglingen oder Bluthochdruckpatienten. Kann bei empfindlicher Haut zu Reizungen führen.

Lateinischer Name: *Rosmarinus officinalis*

Pflanzenart: immergrüner Strauch

Ursprungsland: Mittelmeerraum

Verwendbarer Pflanzenteil: Blätter

Gewinnungsmethode: Dampfdestillation

Hauptbestandteile: Terpene, Alkohole, Ester, Ketone (Campher), Oxide (Cineol) (je nach Art)

Duft: frisch, stechend, krautig, leicht holzig

EUKALYPTUS (TASMAN. BLAUGUMMIBAUM)

MEDIZINISCH

Es gibt Hunderte von Eukalyptusarten, aber der Eucalyptus globulus hat einen nahezu universellen Ruf. Er ist ein beliebtes Inhalat, ein Luftantiseptikum und Brusteinreibemittel; im Winter überträgt er die Wärme seiner Heimat, bei heißem, feuchtem Wetter kühlt und desinfiziert er. Als milde Einreibung lindert er Muskel- und Rheumaschmerzen, und seine pilztötende Wirkung macht ihn zu einem nützlichen Hautpflegemittel.

EIGENSCHAFTEN UND ANWENDUNG

EMOTIONEN: erfrischend und stimulierend.
ATMUNG: Erkältung, Grippe, Bronchitis, Fieber, Atemwegsinfektionen.
VERDAUUNG: Durchfall, Magenschleimhautentzündung.
MUSKULATUR: Rheuma, Gelenkschmerzen und -steifheit, vor und nach dem Sport.
KREISLAUF: Anregung.
UROGENITALTRAKT: Harnwegsinfektionen, Nierenerkältung.
HAUTPFLEGE: fettige Haut, Pilzinfektionen, Wundheit.
ANDERE ANWENDUNGEN: Massage, Kompressen, Bäder, Sitzbäder, Inhalation, Duftlampe, Aerosol.

WARNUNG: Nicht bei kleinen Kindern, Säuglingen oder in Verbindung mit einer homöopathischen Behandlung anwenden.

LATEINISCHER NAME: *Eucalyptus globulus*

PFLANZENART: großer, immergrüner Baum

URSPRUNGSLAND: Australien

VERWENDBARER PFLANZENTEIL: Blätter

GEWINNUNGSMETHODE: Dampfdestillation

HAUPTBESTANDTEILE: Terpene, Alkohole (Eukalyptol)

DUFT: scharf, kampferartig mit einer unterschwelligen Süße

EUCALYPTUS CITRIODORA

BERUHIGEND

Milder als sein Verwandter, der Eucalyptus globulus, ist dieses beruhigende, entspannende Öl besonders hilfreich, wenn Sie von einer Sommergrippe oder -infektion geplagt werden. Es ergibt ein wunderbares Raumspray bei Hitze und Feuchtigkeit, wenn Pilzinfektionen drohen, und ist auch in winterlichen Krankenzimmern sehr beliebt, besonders bei Kindern, da seine Milde eine gute Alternative zu stärkeren Ölen darstellt.

EIGENSCHAFTEN UND ANWENDUNG

EMOTIONEN: beruhigend, entspannend.
ATMUNG: sanfte Atmungserleichterung, Erkältungen, Grippe, Atemwegsinfektionen.
MUSKULATUR: Rheuma, Arthritis.
KREISLAUF: reinigend.
UROGENITALTRAKT: Blasenkatarrh, Pilzinfektionen.
HAUTPFLEGE: Pilzinfektionen, Herpes, Schuppen, Deodorant, Zellulitis.
ANDERE ANWENDUNGEN: Massage, Kompressen, Bäder, Sitzbäder, Duftlampe, Inhalation, Aerosol.
PARFÜM: Eau de Cologne, After-shave, Lufterfrischer.

WARNUNG: Eucalyptus citriodora kann bei manchen Überempfindlichkeit hervorrufen.

LATEINISCHER NAME: *Eucalyptus citriodora*

PFLANZENART: großer, immergrüner Baum

URSPRUNGSLAND: Australien

VERWENDBARE PFLANZENTEILE: Blätter und Zweige

GEWINNUNGSMETHODE: Dampfdestillation

HAUPTBESTANDTEILE: Alkohole, Ester, Aldehyde (vor allem Citronellal)

DUFT: balsamisch, aber zitrusartig süß

HONIGMYRTE

TRÖSTEND

Dieses milde und sanfte Heilmittel ist besonders nützlich gegen Husten und Erkältungen bei Kindern als Alternative zu stärkeren Ölen wie Eukalyptus. Aufgrund seiner leicht antiseptischen, entspannenden und entkrampfenden Wirkung erleichtert es als Brusteinreibemittel die Atmung und fördert den Schlaf. Ihre Eigenschaft als Hautantiseptikum sowie als mildes Tonikum und Deodorant machen die Honigmyrte zum idealen Inhalat für viele Atemwegsprobleme, insbesondere wenn sie durch Luftverschmutzung oder Rauch ausgelöst sind.

EIGENSCHAFTEN UND ANWENDUNG

EMOTIONEN: Depressionen, Melancholie, Winterdepression, Lernschwierigkeiten.

ATMUNG: Bronchitis, Katarrh, Nasennebenhöhlenentzündung, Erkältung, Grippe, Atemwegsinfektionen.

UROGENITALTRAKT: leichte Harnwegsinfektionen, Prostataentzündung.

HAUTPFLEGE: Akne, fettige Haut, Blutandrang, Insektenbisse und -stiche.

ANDERE ANWENDUNGEN: Massage, Bäder, Inhalation, Duftlampe, Aerosol.

LATEINISCHER NAME: *Myrtus communis*

PFLANZENART: kleiner Baum

URSPRUNGSLAND: Nordafrika

VERWENDBARE PFLANZENTEILE: Blätter und Zweige

GEWINNUNGSMETHODE: Dampfdestillation

HAUPTBESTANDTEILE: Alkohole, Ester, Oxide (Cineol) und andere

DUFT: warm, balsamisch und leicht würzig

TEEBAUM

ANTISEPTISCH

Teebaum, hauptsächlich ein Erste-Hilfe-Öl, ist ein sanftes, aber wirkungsvolles Desinfektionsmittel und Fungizid bei vielen Infektionen. Den Aborigines seit Jahrhunderten bekannt, ist es heute ein häufiger Bestandteil von Cremes, Seifen, Lotionen und Shampoos und wird zur Behandlung von Wunden und vielen Hautproblemen verwendet. Teebaum kann fieberhafte Erkältungen lindern und bei vielen Kinderkrankheiten helfen. Es ist ein gutes Stimulans für das Immunsystem, ein Kreislauftonikum und hilfreich bei Schockzuständen.

EIGENSCHAFTEN UND ANWENDUNG

EMOTIONEN: nervöse Erschöpfung, Schock.
ATMUNG: Erkältung, Grippe, Bronchitis, Katarrh, Nasennebenhöhlenentzündung, Halsschmerzen, Atemwegsinfektionen.
VERDAUUNG: Magenschleimhautentzündung.
KREISLAUF: Kreislauftonikum, stimuliert das Immunsystem.
UROGENITALTRAKT: vaginale Pilzinfektionen und Harnwegsinfektionen.
HAUTPFLEGE: Fußpilz, Mundhöhlenpilz, Akne, Herpes, Warzen, Schnitt- und Schürfwunden, Windpocken, Schuppen, Mund- und Hautreinigungswasser.
ANDERE ANWENDUNGEN: Massage, Kompressen, Cremes, Bäder, Sitzbäder, Inhalation, Aerosol.

WARNUNG: Teebaumöl kann gelegentlich Hautreizungen hervorrufen. Vermischen mit Lavendel schwächt seine Wirkung ab.

LATEINISCHER NAME: *Melaleuca alternifolia*
PFLANZENART: kleiner, buschartiger Baum
URSPRUNGSLAND: Australien
VERWENDBARE PFLANZENTEILE: Blätter und Zweige
GEWINNUNGSMETHODE: Dampfdestillation
HAUPTBESTANDTEILE: Terpene, Alkohole, Oxide
DUFT: medizinisch und kampferartig

LAVENDEL

HARMONISIEREND

Lavendel ist sanft und vielseitig, ein wichtiger Erste-Hilfe-Bestandteil, ebenso anregend wie beruhigend. Unverdünnt auf die Schläfen aufgetragen, vertreibt er Kopfschmerzen, bringt erholsamen Schlaf. Er dient als Verdauungshilfe, hilft bei vielen Kinderbeschwerden, löst Krämpfe, bekämpft Koliken und Übelkeit, lindert das prämenstruelle Syndrom und Schocks. Lavendel ist ein gutes Hautantiseptikum, besonders bei Schnitt- und Brandverletzungen. Er fördert das Wachstum neuer Hautzellen, ergibt ein gutes Reinigungs- und Erfrischungswasser.

EIGENSCHAFTEN UND ANWENDUNG

EMOTIONEN: Schlaflosigkeit, Angst, Depressionen, Kopfschmerzen, Migräne, Schock, Ohnmacht, Reizbarkeit, Müdigkeit.

ATMUNG: Husten, Erkältung, Halsschmerzen, Fieber, Bronchitis, Nasennebenhöhlenentzündung, Luftantiseptikum.

VERDAUUNG: Magenkrämpfe, Übelkeit.

MUSKULATUR: Schmerzen, Steifheit, vor und nach dem Sport.

KREISLAUF: Herzrasen, allgemeine Trägheit, Bluthochdruck.

UROGENITALTRAKT: prämenstruelles Syndrom, Regelbeschwerden, vaginale und Harnwegsinfektionen.

HAUTPFLEGE: alle Hauttypen, Entzündungen, Schnitte, Schrammen und Verbrennungen.

ANDERE ANWENDUNGEN: Massage, Kompressen, Cremes, Gesichtssauna, Waschungen, Bäder, Sitzbäder, Inhalation, Duftlampe, Aerosol, Parfüm, Duftbälle.

PARFÜM: Eau de Cologne, Blütendüfte.

LATEINISCHER NAME: *Lavandula angustifolia*

PFLANZENART: immergrüner Strauch

URSPRUNGSLAND: Mittelmeerraum

VERWENDBARER PFLANZENTEIL: Blütenköpfe

GEWINNUNGSMETHODE: Dampfdestillation

HAUPTBESTANDTEILE: Terpene, Alkohole, Ester und andere

DUFT: süß, krautig, leicht blumig

Geranie

REGULIEREND

Der Duft dieses Öls - von der Pelargonie, die keine echte Geranie ist - kann sehr angenehm sein. Ein pflanzlicher Ausgleicher und Harmonisierer, der besonders bei wechseljahrsbedingten oder prämenstruellen Problemen hilfreich ist. Als Antidepressivum ist Geranie besonders hilfreich, wenn Sie sich verdrießlich fühlen. Ihre leicht harntreibende Wirkung regt den Kreislauf an und unterstützt die Giftausscheidung des Körpers.

Eigenschaften und Anwendung

Emotionen: Ängstlichkeit, Anspannung, Depression, Lustlosigkeit.
Verdauung: Durchfall, Lebertonikum.
Muskulatur: Rheuma.
Kreislauf: Flüssigkeitsausgleich, Ödeme, Hämorrhoiden, Zellulitis.
Urogenitaltrakt: Harnwegs- und vaginale Infektionen, prämenstruelles Syndrom, starke Regelblutungen, Wechseljahre.
Hautpflege: Schwellungen, Akne, Ekzeme, Wunden, Verbrennungen, Nasenbluten, Insektenabwehr, Deodorant.
Andere Anwendungen: Massage, Kompressen, Cremes, Mundwasser, Bäder, Sitzbäder, Duftlampe, Aerosol, Duftbälle.
Parfüm: Düfte, Eau de Cologne, Deodorants.

Warnung: Es gibt ein sehr geringes Risiko von allergischen Reaktionen bei besonders empfindlichen Personen.

Lateinischer Name: *Pelargonium x asperum/Pelargonium graveolens* und andere Varietäten

Pflanzenart: kleiner Strauch

Ursprungsland: Südafrika

Verwendbarer Pflanzenteil: Blätter

Gewinnungsmethode: Dampfdestillation

Hauptbestandteile: Alkohole (Citronellol, Geraniol, Linalol) und andere, je nach Varietät

Duft: leicht, frisch, oft mit rosenartigem Unterton

PALMAROSA

KAPRIZIÖS

Diese Verwandte von Vetiver- und Zitronengras wird im Herkunftsland als Schutz vor Fieber eingesetzt. Das oft unterschätzte Heilmittel bringt Erleichterung bei Grippe und hohen Temperaturen, wenn stärkere Öle zu stimulierend wirken könnten. Das sanfte Tonikum für den ganzen Körper verbindet einen wunderbaren Duft mit großer Heilwirkung. Als Aerosol im Sommer versprüht, sorgt es für frische und saubere Atmosphäre, während es im Winter einen Kontrast zu den stärker stimulierenden Ölen wie Eukalyptus oder Limone darstellt. Palmarosa findet zahlreiche Anwendungen bei Krankheiten und in der Hautpflege.

EIGENSCHAFTEN UND ANWENDUNG

EMOTIONEN: Müdigkeit, nervöse Depression, Schock.
ATMUNG: Bronchitis, Nasennebenhöhlenentzündung.
VERDAUUNG: Durchfall, Magenschleimhautentzündung.
MUSKULATUR: Rheuma, Arthritis.
KREISLAUF: Kreislauftonikum.
UROGENITALTRAKT: Blasenkatarrh, Pilzinfektionen, prämenstruelles Syndrom.
HAUTPFLEGE: Pilzinfektionen, Ekzeme, Akne, geplatzte Äderchen.
ANDERE ANWENDUNGEN: Massage, Cremes, Waschungen, Bäder, Sitzbäder, Inhalation, Duftlampe, Aerosol, Parfüm, Duftbälle.
PARFÜM: leichte und blumige Düfte, Eau de Cologne und Deodorant.

LATEINISCHER NAME: *Cymbopogon martinii*

PFLANZENART: blühendes Gras

URSPRUNGSLAND: Indien

VERWENDBARER PFLANZENTEIL: frisches oder getrocknetes Gras

GEWINNUNGSMETHODE: Dampfdestillation

HAUPTBESTANDTEILE: Terpene, Alkohole (Geraniol)

DUFT: süß, blumig, feminin

PETITGRAIN

AUSGLEICHEND

Petitgrain wird aus dem Blatt des Bitterorangenbaumes gewonnen, dessen Blüten das liebliche Neroli produzieren. Dies ist ein sehr spezielles Öl. Es wirkt bei andauernden Anspannungszuständen entspannend und könnte eine wichtige Rolle bei der Behandlung von Autoimmunerkrankungen spielen. Petitgrain gleicht eher aus, als daß es ruhigstellt. Dank seiner milden antiseptischen und krampflösenden Wirkung findet es Anwendung bei einer Reihe von Verdauungs- und Atemwegsproblemen. Es ist auch ein gutes Hauttonikum.

EIGENSCHAFTEN UND ANWENDUNG

EMOTIONEN: Angst, Besorgnis, Panik, Lampenfieber, Schock.
ATMUNG: kleinere Infektionen, Erkältung, Grippe.
VERDAUUNG: Verdauungsstörungen, nervöser Reizmagen, Lebertonikum.
MUSKULATUR: streßbedingte Beschwerden und Krämpfe.
KREISLAUF: anregend und reinigend, Herzrasen.
UROGENITALTRAKT: prämenstruelles Syndrom, Wechseljahre.
HAUTPFLEGE: Schwellungen, fettige Haut, Akne, Deodorant, Kopfhauttonikum.
ANDERE ANWENDUNGEN: Massage, Kompressen, Cremes, Gesichtssauna, Parfüm, Duftlampe, Inhalation, Duftbälle.
PARFÜM: Düfte, Eau de Cologne, Deodorant, Lufterfrischer.

LATEINISCHER NAME: *Citrus aurantium ssp aurantium*

PFLANZENART: immergrüner Baum

URSPRUNGSLAND: Ferner Osten und Mittelmeerraum

VERWENDBARER PFLANZENTEIL: Blätter

GEWINNUNGSMETHODE: Dampfdestillation

HAUPTBESTANDTEILE: Terpene, Alkohole, Ester (Linalylacetat und Geranyltigiat)

DUFT: frisch, würzig und blumig mit Zitrus-Untertönen

JASMIN

SCHWÜL

Die wachsartigen Blüten des Jasmins öffnen sich in der Nachtluft und sollten vor Anbruch der Morgendämmerung geerntet werden. Jasmin ist wertvoll bei der Behandlung von Apathie, Furchtsamkeit, Angstzuständen und Paranoia sowie bei vielen psychosomatischen Erkrankungen. Als Aphrodisiakum hilft er, das Vertrauen in die eigene Sexualität wiederherzustellen, und er ist nicht zuletzt ein wundervolles Parfüm. Das Destillat kann für die Hautpflege verwendet werden, doch viele weitere Anwendungsmöglichkeiten sollte man lieber preiswerteren Ölen überlassen. Der exquisite Duft des Jasmins kann wie der der Rose nicht imitiert werden und sollte besonderen Gelegenheiten vorbehalten bleiben.

EIGENSCHAFTEN UND ANWENDUNG

EMOTIONEN: Aphrodisiakum, Depressionen, Besorgnis, Angst, Paranoia, schwaches Selbstwertgefühl, Gefühlskälte.
UROGENITALTRAKT: Impotenz, Frigidität, prämenstruelles Syndrom, Wechseljahre, postnatale Depression.
HAUTPFLEGE: trockene und empfindliche Haut, verbessert die Elastizität.
ANDERE ANWENDUNGEN: Massage, Cremes, Parfüm.
PARFÜM: süße, exotische Mischungen.

WARNUNG: Jasmin wird oft verschnitten, es gibt viele billige Imitate. Sehr geringes Risiko allergischer Reaktionen.

LATEINISCHER NAME: *Jasminum officinale*
PFLANZENART: immergrüner Strauch
URSPRUNGSLAND: China
VERWENDBARER PFLANZENTEIL: Blüten
GEWINNUNGSMETHODEN: Auflösung und Dampfdestillation
HAUPTBESTANDTEILE: Ester, Alkohole und andere
DUFT: reich, sahnig und blumig

Neroli (Bitterorangenblüte)

BERUHIGUNG

Mit ihrer jugendlichen Lieblichkeit ist die zarte Bitterorangenblüte besonders beliebt für Brautsträuße, und ihr Duft wird als Aphrodisiakum gehandelt. Sie hat beruhigende, leicht hypnotisierende Eigenschaften, wirkt sehr beruhigend auf Personen, die unter Schock stehen oder an nervösen Depressionen leiden. Neroli ist antibakteriell, verdauungsfördernd und ein Venentonikum. Gut für jeden Hauttyp. Sein unübertroffener Duft hat Neroliöl zu einem Lieblingsbestandteil von Eau de Cologne gemacht, seit es im 16. Jahrhundert nach Europa kam.

Eigenschaften und Anwendung

Emotionen: Depressionen, Hysterie, Schock, Müdigkeit, nervöse Erschöpfung, Schlaflosigkeit, Appetitmangel, Magersucht.
Atmung: Atemlosigkeit, Stimmverlust.
Kreislauf: Herzrasen, Krampfadern.
Hautpflege: alle Hauttypen, fördert das Zellwachstum.
Andere Anwendungen: Massage, Kompressen, Cremes, Parfüm, Duftbälle.
Parfüm: hochwertige Parfüms und Eau de Cologne.

Warnung: Es existieren viele billige Imitate. Neroli wird oft mit Petitgrain verschnitten.

Lateinischer Name: *Citrus aurantium ssp aurantium*

Pflanzenart: immergrüner Baum

Ursprungsland: Ferner Osten und Mittelmeerraum

Verwendbarer Pflanzenteil: Blüten

Gewinnungsmethoden: Auflösung und Dampfdestillation

Hauptbestandteile: Alkohole, Ester und andere

Duft: verführerisch süß, weich und schwer

ROSE

WEIBLICHKEIT

Als Symbol für Liebe und Perfektion wird dieser herrliche Duft mit allem verbunden, was schön und edel ist. Rosenöl ist ein hervorragendes Heilmittel, ein Tonikum und Reinigungsmittel für den gesamten Organismus mit einem Nährwert, der bei der Behandlung nahezu jeder chronischen Erkrankung überaus hilfreich ist. Bei Kummer, Bedrücktheit und seelischen Verletzungen ist dies die richtige Essenz.

EIGENSCHAFTEN UND ANWENDUNG

EMOTIONEN: Kummer, Einsamkeit, unterdrückter Ärger, Neid, Groll, Ungeduld, Verwirrung, Schock.
ATMUNG: leichte Infektionen, Husten und pfeifende Atmung.
VERDAUUNG: Übelkeit, nervöser Reizmagen, Magersucht, Lebertonikum.
UROGENITALTRAKT: vaginale und Harnwegsinfektionen, Regelschmerzen, prämenstruelles Syndrom, Wechseljahre, postnatale Depressionen, Impotenz, Frigidität, Gebärmuttertonikum.
HAUTPFLEGE: alle Hauttypen, insbesondere reife und empfindliche Haut.
KREISLAUF: anregend und reinigend.
ANDERE ANWENDUNGEN: Massage, Kompressen, Waschungen, Cremes, Bäder, Sitzbäder, Parfüm, Duftbälle.
PARFÜM: feine Düfte und Kosmetika.

HINWEIS: In den meisten Fällen wird Destillat (Rosenwasser) aus *Rosa damascena* gewonnen und Absolue aus *Rosa centifolia*.

LATEINISCHER NAME: *Rosa damascena/Rosa centifolia*

PFLANZENART: kleiner blühender Strauch

URSPRUNGSLAND: Mittlerer Osten und Orient

VERWENDBARER PFLANZENTEIL: Blütenblätter

GEWINNUNGSMETHODEN: Destillation und Auflösung

HAUPTBESTANDTEILE: Alkohole (Citronellol), Ester und andere, je nach Art

DUFT: weich, sirupartig und blumig

Ylang-Ylang

VERJÜNGEND

Diese „Blume aller Blumen“ ist in ihrem Herkunftsland mit Hochzeiten assoziiert und wird oft auch als „Jasmin des armen Mannes“ bezeichnet. Das Öl eignet sich hauptsächlich für Haut und Nervensystem, bei einer Gesichtsmassage hilft es hervorragend gegen streßbedingte Verspannungen (vor allem des Kiefers), Stirnrunzeln und fleckige Haut. Ylang-Ylang-Öl kann auch die Atem- und Herzschlagfrequenz regulieren und Frustration, Wut, Hysterie, Panik, Herzrasen und Schock lindern. Es eignet sich bei prämenstruellem Syndrom, Stimmungsschwankungen und Spannungskopfschmerzen (allerdings nur in kleinsten Mengen, anderenfalls könnte es den gegenteiligen Effekt haben), allgemeiner Nervosität und Einsamkeitsgefühlen. Gibt dem Haar Glanz und Duft.

Eigenschaften und Anwendung

Emotionen: Stimmungsschwankungen, Wut, Ängstlichkeit, Reizbarkeit, Depressionen, Impotenz, Frigidität.
Verdauung: nervöse Magenbeschwerden.
Kreislauf: Herzrasen, beschleunigter Herzschlag, Bluthochdruck.
Hautpflege: für alle Hauttypen, besonders fettige Haut, Haar- und Kopfhauttonikum.
Andere Anwendungen: Massage, Cremes, Bäder, Parfüm.
Parfüm: gibt vielen Mischungen eine elegante Note.

Warnung: Sparsam verwenden. Billiges Öl ist oft schlecht. Um gute Ergebnisse zu erzielen, verwenden Sie nur Ylang-Ylang „extra“.

Lateinischer Name: *Cananga odorata*
Pflanzenart: blühender Baum
Ursprungsland: Philippinen
Verwendbarer Pflanzenteil: Blüten
Gewinnungsmethode: Dampfdestillation
Hauptbestandteile: Terpene, Alkohole, Ester und andere
Duft: intensiv süß, blumig, sahnig

Benzoe

DÄMPFEND

Der süße Duft von Benzoe ist als Bestandteil des Mönchsbalsams bekannt. In Europa tauchte sie erstmals als „Benjamin-Gummibaum" auf und galt als Lieblingsduft der englischen Königin Elizabeth I., die ihn, pulverisiert mit dem süßen Majoran, als Parfüm und Hautpflegemittel verwendete. Das Öl ist dick, braun, klebrig und hat Schutzwirkung. Es bekämpft Pilze, ergibt ein hervorragendes Inhalat und verwöhnt die Haut, vor allem wenn sie rauh und wund ist. Angereichert mit der Sonne ihrer Herkunftsgegend, kann Benzoe Stimmungstiefs vertreiben und ist besonders im Winter ein besänftigendes Heilmittel.

Eigenschaften und Anwendung

Emotionen: gereizte Nerven, emotionale Verletzungen, Kommunikationsmangel, Kummer, Angst, Zurückgezogenheit, allgemeine Erschöpfung.
Atmung: Bronchitis, Katarrhe, Husten, Erkältung, Halsschmerzen, Lungenantiseptikum.
Muskulatur: Rheuma, Arthritis.
Hautpflege: schuppige, trockene, gereizte Haut, Wunden, Narben, fördert das Zellwachstum.
Andere Anwendungen: Massage, Cremes, Duftlampe, Duftbälle.

Warnung: Sparsam verwenden. Kann Hautempfindlichkeit hervorrufen. In hohen Dosierungen kann Benzoe ermüdend wirken.

Lateinischer Name: *Styrax benzoe*
Pflanzenart: hoher Baum
Ursprungsland: tropisches Asien
Verwendbarer Pflanzenteil: Harz
Gewinnungsmethode: Auflösung
Hauptbestandteile: Benzoe- und Zimtsäure, Vanillin
Duft: süß, vanilleartig

WEIHRAUCH

SCHÜTZEND

Weihrauch, auch als „Libanonöl" bekannt, hat eine ehrenvolle Geschichte als spirituelles Heilmittel; als Gabe für den Knaben Jesus soll es dessen Geistlichkeit betont haben. Weihrauch ist ein beliebter Duft, der wie seine Verwandte, die Myrrhe, aus einem zähen Wüstenbaum gewonnen wird, dessen Rinde bei Verletzung ein Harz absondert. Dieser Jungbrunnen für alternde Haut mit schleimlösender und lungenantiseptischer Wirkung kann auch die Atmung erleichtern und das Immunsystem verbessern. Weihrauch mit seinem Hauch von warmer Wüstenluft bringt Hilfe bei Schwäche und schmerzlichen Verlusten und ist ein wertvolles Öl bei der Behandlung jeder Art von Winterdepression.

EIGENSCHAFTEN UND ANWENDUNG

EMOTIONEN: Depressionen, Besessenheit, Erschöpfung, Angst, Paranoia, Trauerfälle, Schlaflosigkeit, Winterdepression.
ATMUNG: Bronchitis, Katarrh, Nasennebenhöhlenentzündung, Asthma.
UROGENITALTRAKT: Wechseljahre, prämenstruelles Syndrom.
HAUTPFLEGE: reife Haut, Schwangerschaftsstreifen, Narbengewebe.
ANDERE ANWENDUNGEN: Massage, Cremes, Bäder, Inhalation, Duftlampe, Aerosol.
PARFÜM: anwendbar in vielen Düften.

LATEINISCHER NAME: *Boswellia carterii*

PFLANZENART: baumartiger Busch

URSPRUNGSLAND: Nordostafrika

VERWENDBARER PFLANZENTEIL: Harz

GEWINNUNGSMETHODE: Dampfdestillation

HAUPTBESTANDTEILE: Terpene, Alkohole und andere

DUFT: warm, süß, leicht und balsamisch. Hochwertiges Öl hat oft einen leichten Zitrusduft.

MYRRHE

ÖFFNEND UND TROCKNEND

Myrrhe wird aus einem elastischen Wüstenbaum mit dicker, duftender Rinde gewonnen, die, wenn sie angeritzt wird, ein Harz als Schutz gegen die Wüstensonne absondert. Myrrhe ist ein uraltes und geschätztes Wundheilmittel und war im Altertum eine Universalmedizin für Krankheiten wie Ruhr und Lepra. Sie wurde in Ägypten zum Einbalsamieren verwendet, und ihrem Duft wurde eine spirituelle Qualität beigemessen. Besänftigend, trocknend und stärkend, wirkt die Myrrhe pilzhemmend, sie hilft bei vielen Haut-, Gaumen- und Bronchialerkrankungen. Auf die Nerven wirkt sie stabilisierend.

EIGENSCHAFTEN UND ANWENDUNG

EMOTIONEN: entspannend, gut zum Meditieren.
ATMUNG: Bronchitis, Katarrh, Husten, Halsschmerzen.
VERDAUUNG: Durchfall, Koliken.
UROGENITALTRAKT: uterines Tonikum, Pilzinfektion.
HAUTPFLEGE: rissige, schuppige, reife Haut, Mund- und Gaumeninfektionen.
ANDERE ANWENDUNGEN: Massage, Kompressen, Creme, Mundspülung, Sitzbäder, Duftlampe, Duftbälle.
PARFÜM: nützlicher Fixierer für schwere, blumige Mischungen.

WARNUNG: Sparsam verwenden. Nicht während der Schwangerschaft.

LATEINISCHER NAME: *Commiphora molmol*
PFLANZENART: buschartiger Baum
URSPRUNGSLAND: Nordafrika und Asien
VERWENDBARER PFLANZENTEIL: Harz
GEWINNUNGSMETHODE: Dampfdestillation
HAUPTBESTANDTEILE: Terpene, Aldehyde und andere
DUFT: bittersüß, reich, harzig

BERGAMOTTE

ERFRISCHEND

Bergamotte ist eine beliebte italienische Volksmedizin. Ihr frischer Duft wirkt vor allem auf das Nervensystem. Bergamotte ist auch ein gutes Harnwegsantiseptikum sowie sehr nützlich bei der Hautpflege, allerdings aufgrund ihrer photosensibilisierenden Wirkung besser unter ärztlicher Überwachung. Die desinfizierenden und aufheiternden Eigenschaften machen sie zu einem hervorragenden Raumspray bei Krankheit oder Depressionen; sie reinigt, desodoriert und hält Insekten fern.

EIGENSCHAFTEN UND ANWENDUNG

EMOTIONEN: Reizbarkeit, Angst, Überspanntheit, Depressionen, Erschöpfung, Schlaflosigkeit, mangelndes Vertrauen, Stimmungsschwankungen.
ATMUNG: Luftantiseptikum.
VERDAUUNG: Appetitverlust, Übelkeit, nervöse Magenbeschwerden.
UROGENITALTRAKT: Blasenkatarrh und andere Harnwegsinfektionen, prämenstruelles Syndrom, Wechseljahre.
ANDERE ANWENDUNGEN: Sitzbäder, Duftlampe, Aerosol, Duftbälle.
PARFÜM: Eau de Cologne, After-shave, Lufterfrischer.

WARNUNG: Bergamotte ist unter den Zitrusölen eines der am meisten photosensibilisierenden. Nach dem Auftragen auf die Haut mindestens 24 Stunden nicht sonnenbaden und keine UV-Lampe benutzen.

LATEINISCHER NAME: *Citrus aurantium ssp bergamiae*

PFLANZENART: kleiner Baum

URSPRUNGSLAND: tropisches Asien, jetzt in Italien angebaut

VERWENDBARER PFLANZENTEIL: Fruchtschalen

GEWINNUNGSMETHODE: Auspressen

HAUPTBESTANDTEILE: Alkohole, Terpene und Linalylacetat

DUFT: frisch, süß-zitronig mit einem Hauch Birne

GRAPEFRUIT

AUFWECKEND

Dies ist ein sehr leichtes, empfindliches Öl und ein guter Luft-Ionisator. Der Duft von Grapefruit ist außerordentlich aufmunternd und ermutigend und hilft bei Überlastung, Jet-lag oder allgemeiner Erschöpfung. Grapefruit reguliert wirkungsvoll die Verdauung und belebt die Leber und die Gallenblase. Ihre antiseptische und kreislaufanregende Wirkung macht Grapefruit zu einem nützlichen Bestandteil von Sportmassagen und von Desinfektionsmitteln für den Umkleideraum.

EIGENSCHAFTEN UND ANWENDUNG

EMOTIONEN: Müdigkeit, Lustlosigkeit, Jet-lag.
ATMUNG: Luftantiseptikum.
VERDAUUNG: Darmträgheit, nervöse Magenbeschwerden, falsche Eßgewohnheiten.
MUSKULATUR: Muskeltonikum, lokale Stimulation, Steifheit, vor und nach dem Sport.
KREISLAUF: Wasseransammlungen, Übergewicht.
HAUTPFLEGE: Akne, fettige Haut, tonisierend und adstringierend, Zellulitis.
ANDERE ANWENDUNGEN: Massage, Duftlampe, Inhalation, Aerosol.
PARFÜM: frische, fröhliche Mischungen.

WARNUNG: Grapefruit wirkt photosensibilisierend; mindestens 24 Stunden nach dem Auftragen auf die Haut nicht sonnenbaden oder UV-Lampen verwenden.

LATEINISCHER NAME: *Citrus x paradisii*

PFLANZENART: hoher Baum

URSPRUNGSLAND: tropisches Asien und Westindische Inseln

VERWENDBARER PFLANZENTEIL: Fruchtschalen

GEWINNUNGSMETHODE: Auspressen

HAUPTBESTANDTEILE: Terpene, Alkohole, Aldehyde und andere

DUFT: leicht, erfrischend zitrusartig

LIMONE

SPRITZIG

Dieses natürliche Reinigungsmittel vertreibt abgestandene Gerüche, und sein frischer Duft hebt die Stimmung, aktiviert das Gehirn und dient als Tonikum für die Leber. Der Limonenbaum liebt das Licht, sein Öl eignet sich gut zur Behandlung von durch Lichtmangel ausgelösten Beschwerden. Es kann den Blutkreislauf reinigen und stärken und den Körper vor Keimen, Viren und Atemwegsinfektionen schützen. Limonenöl kann bei der Hautpflege verwendet werden, allerdings mit den gleichen Schutzmaßnahmen wie bei den übrigen Zitrusölen, und genau wie diese ist es eine wertvolle Vitamin-C-Quelle.

EIGENSCHAFTEN UND ANWENDUNG

EMOTIONEN: Tonikum, anregend, Müdigkeit, Lustlosigkeit, allgemeine Erschöpfung.
ATMUNG: Erkältung, Grippe, Luftdesinfektionsmittel.
VERDAUUNG: Lebertonikum, Sodbrennen, Übersäuerung, Kater.
MUSKULATUR: Gicht, Rheuma, Krämpfe.
HAUTPFLEGE: Akne, fettige Haut, Frostbeulen, tonisierend und adstringierend.
ANDERE ANWENDUNGEN: Massage, Kompressen, Bäder, Duftlampe, Aerosol.

WARNUNG: Limone wirkt photosensibilisierend. Keine Sonnenbäder oder UV-Lampen mindestens 24 Stunden nach dem Auftragen auf die Haut. Empfindliche Haut kann mit Reizungen reagieren.

LATEINISCHER NAME: *Citrus limon*

PFLANZENART: kleiner, immergrüner Baum

URSPRUNGSLAND: Asien und Mittelmeerraum

VERWENDBARER PFLANZENTEIL: Fruchtschalen

GEWINNUNGSMETHODE: Auspressen

HAUPTBESTANDTEILE: Terpene, Alkohole, Ester und andere, darunter Furocumarin

DUFT: scharf, zitrusartig, frisch

ORANGE

HEITER

Schon von chinesischen und arabischen Ärzten zur Behandlung von Melancholie verwendet, ist dies das Heilmittel schlechthin, um den Geist zu beflügeln und eine heitere Atmosphäre zu schaffen. Es vermittelt ein Gefühl von Wohlbefinden und Gesundheit. Während des Winters wird Orange durch ein Gewürzöl noch verbessert, wie die anderen Zitrusöle ist es nützlich bei Winterdepressionen. Orange ist ein guter Blutreiniger und kann aufbrausende Persönlichkeiten beruhigen. Sie regt das Verdauungssystem an und ist eine gute Hautpflege.

EIGENSCHAFTEN UND ANWENDUNG

EMOTIONEN: Depressionen, Ängstlichkeit, Schwindel, Rekonvaleszenz, Winterdepression.
ATMUNG: Atemwegsinfektionen.
VERDAUUNG: nervöse Magenbeschwerden, Reisekrankheit, Flatulenzen.
KREISLAUF: anregend, Herzrasen.
UROGENITALTRAKT: prämenstruelles Syndrom, Wechseljahre.
HAUTPFLEGE: gibt Zartheit und spendet Feuchtigkeit, Kopfhauttonikum.
ANDERE ANWENDUNGEN: Massage, Bäder, Duftlampe, Aerosol, Duftbälle.
PARFÜM: frische, lebhafte Mischungen.

WARNUNG: Orange wirkt photosensibilisierend. Mindestens 24 Stunden nach dem Auftragen auf die Haut keine Sonnenbäder, keine UV-Lampe. Kann bei empfindlichen Personen Hautreizungen auslösen.

LATEINISCHER NAME: *Citrus aurantium ssp aurantium*

PFLANZENART: immergrüner Baum

URSPRUNGSLAND: Ferner Osten und Mittelmeerraum

VERWENDBARER PFLANZENTEIL: Fruchtschalen

GEWINNUNGSMETHODE: Auspressen

HAUPTBESTANDTEILE: Terpene und andere, darunter Furocumarin

DUFT: warm, würzig, zitrusartig

ZYPRESSE

STÄRKEND

Die Zypresse wurde in den Kulturen des Mittleren Ostens als reinigender und schützender Duft verwendet, als Heilmittel ist sie hilfreich bei allen Beschwerden, die mit mangelnder Elastizität zu tun haben. Zypresse stärkt Arterien, Venen, erschlaffte Bänder und Gewebe, zieht die Blutgefäße leicht zusammen und hat eine regulierende Wirkung auf die Körperflüssigkeiten. So hat ihr Duft auch bei überstrapazierten Nerven und hemmungslosen Tränenausbrüchen eine konzentrationsfördernde Wirkung auf den Geist.

EIGENSCHAFTEN UND ANWENDUNG

EMOTIONEN: allgemeine Müdigkeit und Erschöpfung, Konzentrationsschwäche, Hoffnungslosigkeit, schmerzliche Verluste.
ATMUNG: Krampfhusten, Bronchitis.
VERDAUUNG: Durchfall, Darmentzündung.
MUSKULATUR: Krämpfe, Überstrapaziertheit.
KREISLAUF: kardiovaskuläre Beschwerden, Krampfadern, Hämorrhoiden, übermäßiges Schwitzen, Ödeme.
UROGENITALTRAKT: Blasenkatarrh, Prostataentzündung, prämenstruelles Syndrom, Wechseljahre, schmerzhafte und starke Regelblutungen.
HAUTPFLEGE: tonisierend, adstringierend, Deodorant, geplatzte Äderchen, Zellulitis.
ANDERE ANWENDUNGEN: Massage, Kompressen, Bäder, Sitzbäder, Duftlampe, Inhalation, Parfüm, Aerosol.
PARFÜM: Eau de Cologne, Deodorant, männliche Düfte.

LATEINISCHER NAME: *Cupressus sempervirens*

PFLANZENART: immergrüner Baum

URSPRUNGSLAND: östliches Mittelmeer

VERWENDBARE PFLANZENTEILE: Nadeln, Zweige, manchmal Zapfen

GEWINNUNGSMETHODE: Dampfdestillation

HAUPTBESTANDTEILE: Terpene, Alkohole

DUFT: honigsüß, holzig, balsamisch

WACHOLDERBEERE

REINIGEND

Wacholder ist ein reinigendes und belebendes Heilmittel, gut bei allen Beschwerden, die mit Trägheit und verminderter Entgiftungsfähigkeit einhergehen – aber bitte mit Vorsicht anwenden, denn Wacholder ist harntreibend und kann die Nieren überstimulieren. Er wirkt wärmend und schmerzstillend, regt die Durchblutung an, lindert Rheuma und Gicht. Sein scharfer, würziger Duft wirkt ausgleichend auf die Psyche. Zum Entspannen nach einem anstrengenden Tag ein paar Tropfen Wacholderbeerenöl ins Haar einkämmen.

EIGENSCHAFTEN UND ANWENDUNG

EMOTIONEN: Erschöpfung, innere Leere, Überarbeitung, Sorgen.
ATMUNG: Erkaltungen, Grippe, Atemwegsinfektionen.
MUSKULATUR: Arthritis, Gicht, Rheuma.
KREISLAUF: tonisierend und harntreibend, nach dem Sport.
UROGENITALTRAKT: prämenstruelles Syndrom, Harnwegsinfektionen.
HAUTPFLEGE: Akne, fettige Haut, Aufgedunsenheit, Zellulitis.
ANDERE ANWENDUNGEN: Massage, Kompressen, Bäder, Sitzbäder, Gesichtssauna, Inhalation, Duftlampe, Aerosol.
PARFÜM: maskuline Noten.

WARNUNG: Sparsam verwenden. Wacholderbeerenöl nicht während der Schwangerschaft, bei Nierenerkrankungen und Schwächezuständen verwenden.

LATEINISCHER NAME: *Juniperus communis*
PFLANZENART: kleiner, immergrüner Baum
URSPRUNGSLAND: nördliche Hemisphäre
VERWENDBARER PFLANZENTEIL: Beeren
GEWINNUNGSMETHODE: Dampfdestillation
HAUPTBESTANDTEILE: Terpene, Alkohole und Ester
DUFT: frisch, süß und feurig

WALDKIEFER

KRÄFTIGEND

Ein Spaziergang in einem Kiefernwald ist eine herrliche Erfahrung, und das Öl selbst ist reinigend und sauerstofferzeugend, ein echtes Tonikum insbesondere für das Atmungssystem, aber auch für den Blutkreislauf und die Lymphdrüsen. Kiefernöl regt den Körper zur Entgiftung an, hilft starken Rauchern, Personen mit sitzender Tätigkeit sowie Genesenden. Bei Erkältungen, Grippe, Bronchitis, Winterbeschwerden und Schmerzen ein Heilmittel von unschätzbarem Wert.

EIGENSCHAFTEN UND ANWENDUNG

EMOTIONEN: nervöse Erschöpfung, nach der Grippe, gibt anhaltende Kraft, Winterdepression.
ATMUNG: Bronchitis, Nasennebenhöhlenentzündung, Husten, pfeifender Atem, Atemnot, Heuschnupfen.
MUSKULATUR: Rheuma, Gicht, Arthritis, Steifheit, Hexenschuß, Neuralgien, vor und nach dem Sport.
KREISLAUF: anregend, stärkt das Immunsystem.
UROGENITALTRAKT: Harnwegsinfektionen.
HAUTPFLEGE: Pilzinfektionen, Deodorant, Insektenschutz.
ANDERE ANWENDUNGEN: Massage, Kompressen, Bäder, Sitzbäder, Inhalation, Duftlampe, Aerosol, Duftbälle.
PARFÜM: maskuline Düfte, Deodorant.

WARNUNG: Manchmal kann Waldkiefernöl Hautreizungen hervorrufen.

LATEINISCHER NAME: *Pinus sylvestris*

PFLANZENART: hoher, immergrüner Baum

URSPRUNGSLAND: nördliche Hemisphäre

VERWENDBARER PFLANZENTEIL: Nadeln

GEWINNUNGSMETHODE: Dampfdestillation

HAUPTBESTANDTEILE: Terpene, Alkohole, Aldehyde und andere

DUFT: frisch, eindringlich und harzig

PFEFFERMINZE

BELEBEND

Dieser beliebte Verdauungsförderer, der schon in der griechischen Mythologie gepriesen wurde, hat spezielle schmerzlindernde und krampflösende Eigenschaften, die viele Magenprobleme, Kopfschmerzen oder Migräne in Verbindung mit Neuralgien, Übelkeit oder Schnupfen lindern können. Seine schleimlösende und antiseptische Wirkung macht ihn wertvoll bei Erkältungs- und Grippewellen, als Inhalat sollte er aber nur unter Aufsicht angewendet werden.

EIGENSCHAFTEN UND ANWENDUNG

EMOTIONEN: Hitzschlag, Schock, allgemeine Müdigkeit, Nervosität.
ATMUNG: Erkältung, Verkühlung, Schnupfen, Atemwegsinfektionen.
VERDAUUNG: Erbrechen, Übelkeit, Magenkrämpfe, Koliken, Kater, Reisekrankheit.
MUSKULATUR: Krämpfe, vor und nach dem Sport.
KREISLAUF: Herztonikum.
HAUTPFLEGE: Mundspülung, Quetschungen (unter professioneller Aufsicht).
ANDERE ANWENDUNGEN: Massage, Kompressen, Aerosol, Inhalation, Duftbälle.

WARNUNG: Während der Schwangerschaft oder in Verbindung mit homöopathischen Mitteln vermeiden. Benutzen Sie Pfefferminzöl nicht bei Kleinkindern und Säuglingen, auf empfindlicher Haut oder spätabends.

LATEINISCHER NAME: *Mentha x piperita*

PFLANZENART: duftendes Kraut

URSPRUNGSLAND: Mittelmeerraum

VERWENDBARER PFLANZENTEIL: Blätter

GEWINNUNGSMETHODE: Dampfdestillation

HAUPTBESTANDTEILE: Alkohole (Menthol), Ester, Ketone (Menthon), Terpene

DUFT: kühl, frisch, bittersüß und minzig

SANDELHOLZ

GLÄTTEND

Eines der ältesten bekannten Parfüms, immer noch als Universalheilmittel angesehen. Es wird aus einem duftenden Gehölz gewonnen. Das dicke, etwas klebrige Öl wirkt ausgleichend und glättend und läßt sich für jede Art von Hautpflege verwenden, besonders auch als natürliches Antiseptikum. Seine beruhigende Wirkung entspannt bei Aggressivität. Dieser tröstliche und lang anhaltende Duft ist geheimer Bestandteil vieler aphrodisischer Mischungen.

EIGENSCHAFTEN UND ANWENDUNG

EMOTIONEN: Schlaflosigkeit und viele Streßbeschwerden, Impotenz, Frigidität, Angst, Aggressionen und Egozentrik.
ATMUNG: Bronchitis, Halsentzündung, Reizhusten.
VERDAUUNG: Durchfall, Übelkeit.
MUSKULATUR: Neuralgien, Ischias, Hexenschuß.
KREISLAUF: Herzmuskelschwäche, Krampfadern, Hämorrhoiden.
UROGENITALTRAKT: leichte urogenitale Infektionen, Impotenz, Frigidität, prämenstruelles Syndrom.
HAUTPFLEGE: trockene, fettige, rissige, rauhe Haut, Ekzeme, Haar- und Kopfhauttonikum.
ANDERE ANWENDUNGEN: Massage, Cremes, Bäder, Sitzbäder, Gurgeln, Duftlampe, Parfüm, Duftbälle.
PARFÜM: viele klassische Düfte.

ACHTUNG: Nicht verwechseln mit Amyris (Westindisches Sandelholz).

LATEINISCHER NAME: *Santalum album*

PFLANZENART: halbparasitischer Baum

URSPRUNGSLAND: Indien

VERWENDBARER PFLANZENTEIL: Kernholz

GEWINNUNGSMETHODE: Dampfdestillation

HAUPTBESTANDTEILE: Alkohole (Santalol), Säuren und Terpene

DUFT: warm, holzig, süß und sinnlich

PATCHOULI

ANDAUERND

Öl von guter Qualität hat eine hübsche Bernsteinfarbe und einen reichen, intensiv-andauernden Duft. Überraschenderweise ist seine Wirkung auf die Sinne nicht beruhigend, sondern eher ausgleichend und anregend, es kann bei Überdosierung sogar schlafstörend wirken. Patchouli ist ein ausgezeichnetes Deodorant, speziell bei heißer, feuchter Witterung, in der Hautpflege wird es zur Heilung rissiger oder entzündeter Haut verwendet. Bekannt für seinen anregenden und antiseptischen Effekt auf den Darm, wird es oft bei der Behandlung von Verstopfung und infektiösem Durchfall eingesetzt, besonders in heißen Klimazonen.

EIGENSCHAFTEN UND ANWENDUNG

EMOTIONEN: Depressionen, Impotenz, Frigidität, nervöse Erschöpfung.
ATMUNG: Atemwegsinfektionen.
HAUTPFLEGE: rissige oder schuppige Haut, Akne, Ekzeme, Dermatitis, Pilzinfektionen, Insektenschutz, Zellulitis.
VERDAUUNG: Verstopfung, Durchfall.
ANDERE ANWENDUNGEN: Massage, Cremes, Bäder, Duftlampe, Aerosol, Parfüm, Duftbälle.
PARFÜM: verleiht vielen Mischungen die Basisnote.

LATEINISCHER NAME: *Pogostemon cablin*

PFLANZENART: buschiges Kraut

URSPRUNGSLAND: Indonesien

VERWENDBARER PFLANZENTEIL: junge getrocknete und fermentierte Blätter

GEWINNUNGSMETHODE: Dampfdestillation

HAUPTBESTANDTEILE: Alkohole (Patchouli-Alkohol), Terpene und andere

DUFT: schwer, süß, erdig

VETIVER

BODENSTÄNDIG

Ein vielseitiges und interessantes Öl, das immer dann von Nutzen ist, wenn jemand zurück auf den Boden der Tatsachen geholt werden muß. Es hilft, den Kontakt zu Mutter Erde wieder aufzubauen, und zeigt die Trennlinie auf, die wir zwischen Geist und Körper gezogen haben. Hilfreich für nervöse Menschen und solche, die in einer Traumwelt leben. Unter professioneller Anleitung kann es in der Hautpflege verwendet werden, es hat einen tonisierenden Effekt auf Leber, Drüsen, Kreislauf und stärkt die Abwehrkräfte, denn es wirkt allgemein stärkend. Außerdem ist es ein ausgezeichnetes Insektenschutzmittel.

EIGENSCHAFTEN UND ANWENDUNG

EMOTIONEN: stabilisierend, schützend, beruhigend, Depressionen, Erschöpfung, Interesselosigkeit.
ANDERE ANWENDUNGEN: Duftlampe, Aerosol, Parfüm, Duftbälle.
PARFÜM: Insektenschutzmittel, maskuline Düfte und Eau de Cologne.

ACHTUNG: Vetiver wird oft verschnitten.

LATEINISCHER NAME: *Vetiveria zizanoides*

PFLANZENART: duftendes Gras

URSPRUNGSLAND: Indonesien

VERWENDBARER PFLANZENTEIL: Wurzeln

GEWINNUNGSMETHODE: Dampfdestillation

HAUPTBESTANDTEILE: Terpene, Alkohole, Ester, Ketone (Vetivon)

DUFT: schwer, warm und sehr erdig

Anwendungen

Nachfolgend mögliche Anwendungsbereiche für ätherische Öle:

Erste Hilfe

Insektenbisse und -stiche, Schock und Ohnmacht, leichte Verbrennungen, Verstauchungen, kleinere Schnitte und Abschürfungen

Zu Hause

Küche, Bad, Arbeitszimmer, Wohnzimmer, Schlafzimmer

Bei der Arbeit

Verspannte Schulter, Schreibkrampf, Halsentzündung, Putzfrauenknie, Büro-Ionisierer

Feierabend

Aufwärmen vor Sport und Tanz, Abkühlen nach dem Sport, Krampf, Fußpilz, Tennisarm

Peinlichkeiten

Körpergeruch, Schnarchen, Mundgeruch, Kater, Flatulenzen

Saisonale Beschwerden

Heuschnupfen, Hitzschlag, Sonnenbrand, Winterdepression, einfache Erkältung

Frauen

Blasenkatarrh, Pilzinfektionen, prämenstruelles Syndrom, Wechseljahre

Kinder

Nasenbluten, Schluckauf, Asthma, Koliken, Ohrenschmerzen, Hyperaktivität

Hautprobleme

Ekzem, Zellulitis, Akne, geplatzte Äderchen, rauhe Hände

Geselligkeit

Mischungen für Zerstäuber und Duftlampen, Parfüms

Erste Hilfe

Insektenbisse und -stiche

PRÄVENTION: Der regelmäßige Gebrauch von ätherischen Ölen kann ein allgemeiner Schutz sein; die folgende Auswahl hält die Luft frisch und stellt eine sanfte Alternative zu aggressiveren Insektensprays dar.

BEHANDLUNG: Wenn Sie dennoch gestochen worden sind, widerstehen Sie der Versuchung zu kratzen, und halten Sie die Stichstelle so kühl wie möglich.

Aerosolspray

250 ml stilles Mineralwasser
30–40 Tropfen ätherisches Öl

Wählen Sie zwischen Geranie, Lavendel, Eukalyptus, Myrte, Bergamotte, Rosmarin, Zypresse, Patchouli. Vor Gebrauch die Mischung gut schütteln.

Kompresse

250 ml stilles Mineralwasser
1 Tropfen Geranie oder Kamille
1 Tropfen Lavendel

Verwenden Sie diese Kompresse wie erforderlich zur Schmerzlinderung. Im oben angegebenen Verhältnis mischen.

Lotion zum Auftragen

1 Tropfen Geranie
1 Tropfen Lavendel
1 Tropfen Teebaum

Die oben angegebene Mischung mit 8 ml Zaubernuß verdünnen. Gut schütteln. Mit Wattepad auf die betroffene Stelle tupfen.

SCHOCK UND OHNMACHT

Auslöser ist ein plötzlicher und vorübergehender Blutmangel im Gehirn. Legen Sie die Person mit leicht hochgelagerten Beinen hin, halten Sie sie warm, und lockern Sie enge Kleidung. Halten Sie ihr eine Flasche mit Pfefferminzöl unter die Nase. **Holen Sie ärztliche Hilfe.** Hände zwicken oder schlagen, bis das Bewußtsein zurückkehrt. Hände und Füße massieren und den Patienten hinsetzen lassen, wenn er zu sich kommt, damit der Kopf zwischen die Knie fallen kann, falls ein weiterer Anfall folgt. Massieren Sie sanft die Schläfen. Später ein warmes Bad verabreichen, gefolgt von einer Bauchmassage, bevor Sie den Patienten ins Bett bringen.

INHALATION

Pfefferminze, Lavendel oder Neroli

Direkt aus der Flasche verwenden.

BAD

1 Tropfen Kamille
1 Tropfen Neroli
1 Tropfen Lavendel

In diesem Verhältnis mischen.

MASSAGE

1 Tropfen Lavendel
1 Tropfen Palmarosa oder Neroli
1 Tropfen Geranie

Die obige Mischung mit 8 ml Mandelöl verdünnen.

WARNUNG: Es sollte stets sofort ärztliche Hilfe gerufen werden.

LEICHTE VERBRENNUNGEN

Sofort unverdünntes Lavendelöl auftragen, mit Gaze bedecken. Wenn die Wunde zu heilen beginnt, geben Sie einen oder zwei Tropfen der folgenden Öle in ein wenig Ringelblumensalbe und tragen die Mischung regelmäßig auf: Kamille, Geranie, Palmarosa, Lavendel, Benzoe, Patchouli, Sandelholz, Weihrauch, Rose.

VERSTAUCHUNGEN

Eine Verstauchung kann an jedem Gelenk auftreten und wird durch Überdehnung oder Reißen der Bänder verursacht. Sie ist extrem schmerzhaft und wird gewöhnlich von einer Schwellung begleitet. Stützen Sie den Knöchel in ausgestreckter Position mit einem großen Wattebausch, und verwenden Sie Eis (eine Tüte tiefgefrorener Erbsen eignet sich gut). Danach legen Sie für einige Stunden im Abstand von fünfzehn Minuten kalte Kompressen auf (siehe unten). **Üben Sie keinen Druck auf die betroffene Stelle aus.** Die Schwellung sollte nach einer angemessenen Zeit zurückgehen. Wenn die Verletzung geheilt ist, wenden Sie die untenstehende Massage zwei- oder dreimal täglich ein paar Tage lang an.

KOMPRESSE

250 ml kaltes Wasser
2 Tropfen Kamille
2 Tropfen Geranie

Im obigen Verhältnis mischen.

MASSAGE

1 Tropfen Majoran
1 Tropfen Schwarzer Pfeffer
1 Tropfen Rosmarin
1 Tropfen Lavendel

Alles in 10 ml Mandelöl verdünnen.

WARNUNG: Wenn die Symptome nicht abklingen, handelt es sich wahrscheinlich um einen Bruch. Holen Sie sofort ärztliche Hilfe.

KLEINERE SCHNITTE UND ABSCHÜRFUNGEN

SCHRITT 1: Unter fließendem Wasser auswaschen, dann mit einer Waschlösung aus einer Tasse abgekochtem, abgekühltem Wasser reinigen, in das Sie zwei Tropfen Lavendel und zwei Tropfen Teebaum gegeben haben.

SCHRITT 2: Unverdünntes Lavendelöl auftragen.

SCHRITT 3: Zwei Tropfen Lavendel oder Geranie auf ein Stück Gaze auftragen und die Wunde damit bedecken. Zwei- bis dreimal täglich erneuern.

Zu Hause

Ätherische Öle können im ganzen Haus von Nutzen sein. Viele sind hochantiseptisch und antibakteriell und leisten gute Dienste beim Reinigen, Desodorieren und allgemeinen Verbessern der Atmosphäre. Hier einige Vorschläge:

Küche

Versuchen Sie folgende Vorschläge als preiswerte und praktische Alternative zu aggressiveren Reinigungsmitteln oder Sprays:

Allzweckreiniger

10 Tropfen Limone
10 Tropfen Grapefruit
10 Tropfen Petitgrain
10 Tropfen Teebaum
10 Tropfen Sandelholz

Füllen Sie die Mischung in eine Tropfflasche, und geben Sie drei bis vier Tropfen in einen Eimer Wasser zum Putzen von Arbeitsflächen, Böden und Wänden.

Aerosol

Wählen Sie aus Limone, Bergamotte, Zypresse, Petitgrain, Myrte, Rosmarin, Sandelholz, Pfefferminz und Kiefernöl.

Geben Sie von vier Ölen Ihrer Wahl 30–40 Tropfen in 250 ml destilliertes Wasser. Versprühen, um schale Gerüche zu absorbieren.

Wäschespülung

3 Tropfen Palmarosa
3 Tropfen Lavendel

Mischen und in den letzten Spülgang geben, besonders bei Koch- und Unterwäsche.

Bad

Hier finden ätherische Öle vielfältige Anwendung. Ein paar Tropfen Kiefernöl ergeben ein hervorragendes Desinfektionsmittel, und für die Herstellung von Kosmetika können Sie folgendes Rezept ausprobieren:

Duftende Seife

1 Stück unparfümierte Seife
2 Tropfen Sandelholz
4 Tropfen Palmarosa
1 Tropfen Patchouli
1 Tropfen Limone (nach Wunsch)

Seife raspeln und im Wasserbad bei geringer Hitze langsam auflösen. Kalt stellen. Ätherische Öle hinzufügen, sobald die Flüssigkeit sich zu setzen beginnt. Gründlich vermischen und in kleine Formen geben.

After-shave

2 Tropfen Palmarosa oder Petitgrain
1 Tropfen Koriander oder Eukalyptus

In 250 ml destilliertes Wasser geben und 5 ml Apfelessig hinzugeben. Vor Gebrauch gut schütteln.

Arbeitszimmer

Manche Öle sind gut, wenn es darum geht, einen klaren Kopf zu bewahren. Verwenden Sie sie aber sparsam, sonst erzielen Sie den gegenteiligen Effekt.

Überstunden

2 Tropfen Limone
2 Tropfen Koriander
1 Tropfen Schwarzer Pfeffer
2 Tropfen Petitgrain oder Rosmarin

In einer Duftlampe wird diese Mischung Sie bis in die frühen Morgenstunden munter halten.

Duftendes Briefpapier

Experimentieren Sie mit Ihren Lieblingsdüften, um Ihren Briefen eine persönliche Note zu geben. Vergewissern Sie sich, daß die Öle keine Flecken hinterlassen. Petitgrain, Geranie, Schwarzer Pfeffer, Koriander, Lavendel und Palmarosa eignen sich gut, aber es gibt noch viele andere.

Wohnzimmer

Als eine willkommene und vielseitige Alternative zu synthetischen Raumdüften können ätherische Öle hier sehr nützlich sein:

Aerosol

Je 5 Tropfen Orange, Grapefruit, Bergamotte, Petitgrain, Palmarosa, je 3 Tropfen Schwarzer Pfeffer, Sandelholz

In 250 ml destilliertes Wasser geben und gelegentlich in kleinen Mengen auf Teppiche und Vorhänge sprühen.

Dufttopf

Um Ihren Lieblings-Dufttopf aufzufrischen, fügen Sie ein paar Tropfen Öl hinzu. Sie können wählen zwischen Geranie, Petitgrain, Palmarosa, Sandelholz, Patchouli, Benzoe, Ylang-Ylang, Orange oder Limone.

Schlafzimmer

Eine Mischung aus entspannenden oder romantischen Ölen hebt wirkungsvoll die Stimmung. Hier haben sie allerdings auch eine praktische Funktion.

Mottenkugeln

Lavendel
Geranie
Palmarosa
Patchouli
Vetiver

Einige Tropfen der oben genannten Öle auf Wattebällchen geben und in Kleiderschränke und Schubladen legen, um die Motten fernzuhalten.

Bettwäsche/ Schubladen

Lieblingsöle auf Laken, Kissenbezüge oder in die Schubladen geben.

Bei der Arbeit

Verspannte Schultern

Meistens die Folge eines gezerrten oder überlasteten Muskels, der nicht behandelt worden ist: Schmerzen, eingeschränkte Beweglichkeit des Armes, begleitet von einem steifen Hals, besonders morgens beim Aufstehen. Durch Streß und Anspannung verschlimmert sich der Zustand, aber auch durch Fahren mit geöffnetem Autofenster, Sitzen im Durchzug oder zu langes Arbeiten an Schreibmaschine oder Computer. Dehnungsübungen, warme Umschläge und regelmäßige Tiefenmassage können die Beschwerden lindern, siehe unten.

Kompresse

250 ml warmes Wasser
2 Tropfen Majoran
1 Tropfen Salbei

Im oben angegebenen Verhältnis mischen.

Massage

1 Tropfen Majoran
1 Tropfen Salbei
1 Tropfen Schwarzer Pfeffer oder Ingwer
1 Tropfen Lavendel

Die Öle in 10 ml Mandelöl verdünnen. Halten Sie die betroffene Körperstelle jederzeit warm und frei von Zugluft, und vermeiden Sie Druck, zum Beispiel durch eine schwere Umhängetasche.

Schreibkrampf

Jeder, der seine Hand oder Hände für längere Zeit in der gleichen Stellung halten muß, kann hierunter leiden. Es handelt sich um eine wirklich schlimme Art von Krampf, die, wenn sie nicht behandelt wird, Druck auf die Nerven im Handgelenk ausüben kann. Das führt dann zu Schmerzen und Kribbeln, ähnlich wie bei der Sehnenscheidenentzündung. Die beste Sofortmaßnahme ist eine Massage (siehe Seite 55), aber Sie sollten auch mal Ihren Vitamin- und Mineralstoffhaushalt unter die Lupe nehmen.

Massage

2 Tropfen Zypresse
1 Tropfen Geranie
1 Tropfen Rosmarin

In 10 ml Mandelöl verdünnen. Gegen Schmerzen und Kribbeln kann auch helfen, die Hand in eine Schüssel mit warmem Wasser und ein bis zwei Tropfen Rosmarinöl zu halten.

Halsentzündung

Entzündung des Kehlkopfs oder der Stimmbänder. Dies kann ein Nebeneffekt von Erkältung oder Grippe sein, durch verschmutzte oder verrauchte Luft hervorgerufen werden oder einfach durch zuviel Sprechen. Symptome sind Stimmverlust und Schluckbeschwerden, die beste Gegenmaßnahme ist Ruhe, begleitet von Dampfinhalationen, Gurgeln und Massagen der Halsgegend. Nehmen Sie Getränke mit frischer Zitrone und Honig zu sich.

Dampfinhalation

1 Tropfen Benzoe oder Sandelholz
1 Tropfen Kamille
1 Tropfen Lavendel

Die Öle in eine Schüssel mit heißem Wasser geben.

Massage

1 Tropfen Kamille
1 Tropfen Kiefer oder Zypresse
1 Tropfen Lavendel

Verdünnen Sie die Öle mit 10 ml Macadamianuß- oder Johanniskrautöl.

Gurgeln

250 ml warmes Wasser
2–3 Tropfen Sandelholz

Warnung: Bei andauernden Symptomen unbedingt einen Arzt aufsuchen.

PUTZFRAUENKNIE

Diese schmerzhafte Erkrankung kann Ellbogen und andere Gelenke ebenso wie die Knie treffen und wird durch wiederholten Druck auf die Stelle ausgelöst. Das führt zu einer Entzündung des Schleimbeutels, einer schützenden Hülle um das Gelenk. Zu Beginn sind Massagen nicht ratsam, besser helfen Eiskompressen und Ruhe, gefolgt von abwechselnd heißen und kalten Umschlägen gegen die Schwellung. Wenn die Heilung eingesetzt hat, können regelmäßige Massagen und Bandagieren des betroffenen Gelenks Rückfälle vermeiden.

KOMPRESSE

250 ml stilles Mineralwasser
2 Tropfen Eucalyptus globulus
1 Tropfen Kamille
1 Tropfen Pfefferminz

In diesem Verhältnis mischen.

MASSAGE

2 Tropfen Lavendel
1 Tropfen Rosmarin
1 Tropfen Eucalyptus globulus

Mit 10 ml Johanniskrautöl verdünnen.

BÜRO-IONISIERER

Um mehr Negativ-Ionen zu produzieren und Rauch- und Schweißgerüche aufzusaugen, probieren Sie die folgenden Rezepte. Experimentieren Sie, und finden Sie heraus, welche Kombination am besten ist.

SCHWEISS- UND RAUCHVERNICHTER

250 ml stilles Mineralwasser
30–40 Tropfen ätherische Öle

Wählen Sie fünf der folgenden Öle: Limone, Grapefruit, Bergamotte, Kiefer, Wacholder, Eucalyptus citriodora, Palmarosa, Honigmyrte, Patchouli, Geranie. Gut schütteln.

UNIVERSELLER LUFTERFRISCHER

250 ml stilles Mineralwasser
30–40 Tropfen ätherische Öle

Wählen Sie fünf der folgenden Öle: Orange, Bergamotte, Rosmarin, Koriander, Eucalyptus globulus und citriodora, Geranie, Palmarosa, Lavendel, Petitgrain (und Schwarzer Pfeffer in kleinen Mengen). Gut schütteln.

TELEFON-AUFFRISCHER

Mit 1 Tropfen Teebaum und Lavendel auf Wattepad regelmäßig Hörer abwischen.

FEIERABEND

AUFWÄRMEN VOR SPORT UND TANZ

Es empfiehlt sich, die Muskeln vor den Übungen aufzuwärmen, um die Blutzirkulation zu verbessern. Sie können das mit einer kurzen, aber kräftigen Massage tun, gefolgt von energischem Abrubbeln mit einem Handtuch.

AUFWÄRMEN (NORMALE HAUT)

1 Tropfen Rosmarin
2 Tropfen Kiefer
1 Tropfen Schwarzer Pfeffer

Mit 10 ml Mandelöl verdünnen.

AUFWÄRMEN (EMPFINDLICHE HAUT)

1 Tropfen Lavendel
2 Tropfen Zypresse
1 Tropfen Palmarosa

Mit 10 ml Mandelöl verdünnen.

ABKÜHLEN NACH DEM SPORT

Nach dem Sport sollten Ihre Muskeln die Gelegenheit zur Entspannung und Entgiftung haben, besonders wenn sie nicht an Sport gewöhnt sind. Die Muskelfasern müssen sich nach der Belastung wieder zusammenziehen, auf diese Weise können Sie sie geschmeidig halten und Krämpfe oder ernstere Beschwerden vermeiden.

ABKÜHLUNG

2 Tropfen Zypresse
1 Tropfen Eucalyptus globulus
1 Tropfen Lavendel
1 Tropfen Koriander oder Limone

Mit 10 ml Mandelöl verdünnen.
Zur Beachtung: Trinken Sie reichlich Mineralwasser, und entspannen Sie sich anschließend, in ein Handtuch gehüllt, 20 Minuten lang.

ENTSPANNUNGSBAD NACH DEM SPORT

1 Tropfen Sandelholz
2 Tropfen Orange
1 Tropfen Salbei

KRAMPF

Eine äußerst schmerzhafte Angelegenheit, die gewöhnlich die Wadenmuskulatur betrifft. Sie kann durch gestörte Blutzirkulation, Mineralsalzmangel oder einfach ungewohnte Belastung ausgelöst werden.

BEI AUFTRETEN: Kräftige Massage entlang dem gesamten Muskel.
VORBEUGUNG: Regelmäßige Aufwärmmassagen sind sehr hilfreich.

KRAMPFMASSAGE

Wählen Sie aus: Rosmarin, Majoran, Schwarzer Pfeffer, Ingwer.

Vermischen Sie zwei Tropfen in einer zwei- oder dreiprozentigen Verdünnung mit Mandelöl.

VORBEUGUNGSMASSAGE

Wählen Sie aus: Rosmarin, Kiefer, Koriander, Eucalyptus globulus, Zypresse, Lavendel, Palmarosa.
Vermischen Sie zwei oder drei Tropfen in einer zwei- oder dreiprozentigen Verdünnung mit Mandelöl.

WARNUNG: Wenn die Symptome anhalten, holen Sie sich ärztlichen Rat bezüglich Ernährung und Nahrungsergänzung.

FUSSPILZ

Eine höchst hartnäckige Pilzinfektion, die durch Schweißfüße begünstigt und meist in Umkleidekabinen oder feuchter Umgebung, wie etwa bei Schwimmbecken oder Whirlpools, eingefangen wird.

BEI BEFALL: Hände und Nägel unmittelbar nach Berühren der Infektion stets gut reinigen. Halten Sie Ihre Schuhe sauber, und lüften Sie sie immer gut aus.

MASSAGE

3 Tropfen Teebaum
1 Tropfen Lavendel
Die Öle gründlich in einer kleinen Tasse Aloe-Vera-Gel oder Ringelblumensalbe mischen und auf die betroffenen Stellen auftragen.

MASSAGE

1 Tropfen Patchouli oder Myrrhe
1 Tropfen Limone
1 Tropfen Lavendel
Die Öle gründlich in einer kleinen Tasse Aloe-Vera-Gel oder Ringelblumensalbe mischen und auf die betroffenen Stellen auftragen.

VORBEUGUNG: Tragen Sie im Umkleideraum und im Schwimmbad Gummisandalen. Im übrigen halten Sie Ihre Füße so kühl und trocken wie möglich.

MASSAGE

2 Tropfen Teebaum
2 Tropfen Geranie

Mit 10 ml Ringelblumenöl vermischen. Füße regelmäßig massieren.

ACHTUNG: Benutzen Sie stets Ihre eigenen Handtücher, und sorgen Sie gründlich für Trockenheit und Luft an Ihren Füßen. Wo immer möglich, tragen Sie offene Sandalen. Vermeiden Sie synthetische Fasern und Kunststoffschuhe.

TENNISARM

Wird verursacht durch exzessive Belastung der Muskeln oder Sehnen am Ellbogen bei Sport, regelmäßigem schwerem Heben oder anstrengender Arbeit mit den Händen. Geht oft einher mit Bursitis (Entzündung und Anschwellen des schützenden Gewebes um das Gelenk), ähnlich wie beim Putzfrauenknie. Die beste Behandlung ist Ruhe, bei Schwellungen eine sofortige Eispackung, gefolgt von abwechselnd warmen und kalten Kompressen. Sobald der Schmerz nachläßt, regelmäßig massieren.

KOMPRESSE

250 ml stilles Mineralwasser
1 Tropfen Pfefferminze
1 Tropfen Eucalyptus globulus
2 Tropfen Lavendel

Bei starken Schwellungen Eukalyptus durch Kamille ersetzen.

MASSAGE

1 Tropfen Rosmarin
1 Tropfen Zypresse
1 Tropfen Schwarzer Pfeffer (nach Wunsch)
1 Tropfen Lavendel

Mit 10 ml Johanniskrautöl verdünnen. Um die unmittelbar betroffene Stelle herum massieren und mit tiefen Strichen zum Unterarm und zur Hand vorarbeiten. Eine regelmäßige Massage ist eine gute Vorbeugung, wenn Sie zu dieser Erkrankung neigen.

PEINLICHKEITEN

KÖRPERGERUCH

Normalerweise ist dies nur eine vorübergehende peinliche Erscheinung, aber wenn er anhält, könnte das ein Zeichen für ein hormonelles Ungleichgewicht oder eine ernste psychische Erkrankung sein. Es gibt zahlreiche desodorierende Öle, die sich erfolgreich in Bädern, Massagen und Aromawässern verwenden lassen.

DESODORIERENDES BAD

2 Tropfen Kiefer
2 Tropfen Lavendel
1 Tropfen Geranie
1 Tropfen Limone

In diesem Verhältnis mischen.

KÖRPERÖL NACH DEM BADEN

2 Tropfen Sandelholz
2 Tropfen Zypresse
2 Tropfen Petitgrain
2 Tropfen Lavendel

Die Öle mit 20 ml Mandelöl verdünnen.

DUFTWASSER

Stellen Sie Ihr eigenes nach der auf Seite 11 beschriebenen Methode her.

Wählen Sie aus: Lavendel, Zypresse, Rosmarin, Palmarosa, Petitgrain, Sandelholz, Limone, Grapefruit, Kiefer, Pfefferminze, Geranie, Patchouli, Weihrauch, Koriander oder Ylang-Ylang.

SCHNARCHEN

Die alte Methode, eine Murmel in das Rückenteil des Schlafanzugs einzunähen, um den Schnarcher davon abzuhalten, auf dem Rücken zu liegen, ist nach wie vor wirkungsvoll. Ein vorübergehender Grund für Schnarchen kann eine Erkältung oder eine verstopfte Nase sein. Dampfinhalation und Brusteinreibung vor dem Zubettgehen können helfen, ebenso eine Schale heißes Wasser auf dem Heizkörper.

DAMPFINHALATION

1 Tropfen Benzoe
1 Tropfen Majoran oder Zypresse
1 Tropfen Lavendel

In eine Schüssel mit heißem Wasser geben.

SCHALE MIT WASSER

3 Tropfen Kiefer
3 Tropfen Zypresse
2 Tropfen Weihrauch

In eine Schale mit heißem Wasser geben.

BRUSTEINREIBUNG

1 Tropfen Weihrauch
2 Tropfen Honigmyrte
1 Tropfen Kiefer

In 10 ml Mandelöl verdünnen.

WARNUNG: Asthmatiker sollten bei der Anwendung von Dampf vorsichtig sein.

MUNDGERUCH

Noch eine peinliche Erkrankung, die auch als Halitosis bekannt ist. Sie kann ausgelöst werden durch Streß, Magenbeschwerden, Zahnfäule oder einfach durch die Nahrung.

GURGELN BEI MUNDGERUCH

250 ml abgekochtes, abgekühltes Wasser
1 Tropfen Myrrhe

Nicht schlucken.

SCHNELLE HILFE BEI MUNDGERUCH

Kauen Sie ein paar Kardamom- oder Koriandersamen oder ein Blatt frische Minze.

MAGENBEDINGTER MUNDGERUCH

1 Tropfen Kardamom
1 Tropfen Orange
1 Tropfen Neroli

In 8 ml Mandelöl verdünnen. Im Uhrzeigersinn gerade oberhalb des Nabels einmassieren.

KATER

Nur die Zeit kann dieses Am-Morgen-danach-Gefühl wirklich heilen, aber es gibt auch ein paar vorläufige Maßnahmen. Trinken Sie viel Mineralwasser und frischen Orangensaft oder Wasser mit einer frischen Zitronenscheibe darin, und essen Sie (wenn Sie können) einen Becher Joghurt mit lebenden Kulturen. Versuchen Sie auch das folgende:

KATER-BAD

1 Tropfen Rosmarin
1 Tropfen Limone oder Wacholder
2 Tropfen Grapefruit
1 Tropfen Sandelholz

KATER-KOMPRESSE

250 ml stilles Mineralwasser
2 Tropfen Palmarosa oder Petitgrain
1 Tropfen Lavendel
1 Tropfen Pfefferminze

Auf Stirn und Nacken auftragen.

KATER-GURGELN

250 ml abgekochtes, abgekühltes Wasser
2 Tropfen Geranie

Nicht schlucken.

SOFORTHILFE: INHALATION

Wählen Sie aus: Ingwer, Pfefferminze, Limone, Rosmarin, Grapefruit, Koriander.

FLATULENZEN

Übermäßige Darmgase können durch Eßgewohnheiten, Streß, Infektionen oder falsches Atmen hervorgerufen werden. Entspannung und langsameres, tieferes Atmen helfen. Wenn Sie unter Schmerzen und einem aufgeblähten Gefühl leiden, versuchen Sie es mit einer Unterleibsmassage im Uhrzeigersinn.

MASSAGE

1 Tropfen Kardamom
1 Tropfen Pfefferminze oder Schwarzer Pfeffer
1 Tropfen Orange

Mit 8 ml Mandelöl verdünnen.

MASSAGE

2 Tropfen Majoran
2 Tropfen Koriander

Mit 8 ml Mandelöl verdünnen.

SAISONALE BESCHWERDEN

FRÜHLING

HEUSCHNUPFEN

Geschwollene Lider, Triefnase, Niesen – die bekannten Anzeichen von Heuschnupfen (Entzündung der Nasenschleimhaut) werden gewöhnlich durch eine allergische Reaktion ausgelöst, können aber auch die Begleiterscheinungen einer Erkältung sein. Durch Tests sollte das Allergen herausgefunden werden; inzwischen können aromatherapeutische Bäder, Inhalationen, Kompressen und Massagen die Symptome etwas lindern.

BAD

2 Tropfen Lavendel
1 Tropfen Kamille
1 Tropfen Limone oder Geranie

KOMPRESSE/MASSAGE

250 ml kaltes Wasser
2 Tropfen Lavendel
1 Tropfen Kamille oder Pfefferminze

Auf den Nasenrücken legen und häufig wechseln. Diese Mischung kann auch für eine Massage der Nasengegend, hinter den Ohren und seitlich am Hals herunter verwendet werden.

(DAMPF-)INHALATION

1 Tropfen Zypresse oder Kiefer
1 Tropfen Myrte
1 Tropfen Pfefferminze

Über einer Schüssel mit heißem Wasser oder direkt von einem Taschentuch inhalieren.

WARNUNG: Asthmatiker sollten keine Inhalationen vornehmen.

SOMMER

HITZSCHLAG

Starke Hitze ist gefährlich für jeden, der nicht daran gewöhnt ist. Sie kann Zittern, Ohnmacht, sogar einen Kollaps auslösen. Exzessives Schwitzen kann außerdem Salzmangel verursachen.

Hitzschlag ist eine ernstzunehmende Erkrankung. Sofort einen Arzt holen. Inzwischen sollten Sie die Person in einen kühlen, abgedunkelten Raum legen. Den Körper mit einem Schwamm benetzen, in kalte Laken wickeln. Kalte Kompressen auf Kopf und Handgelenke legen.

SCHWAMMWASCHUNG

250 ml lauwarmes Wasser
3 Tropfen Eucalyptus globulus
3 Tropfen Lavendel

KOMPRESSE

250 ml lauwarmes Wasser
2 Tropfen Eucalyptus globulus
1 Tropfen Pfefferminze

SONNENBRAND

Kleinere Sonnenbrände verursachen lediglich Rötungen und leichte Schmerzen. In ernsteren Fällen kann die Haut Blasen werfen. Gehen Sie sofort an einen kühlen Ort, nehmen Sie ein lauwarmes Bad, und tragen Sie dann eine Lotion auf. Als Sofortmaßnahme halten Sie immer ein Aerosolspray bereit.

BAD

2 Tropfen Lavendel
2 Tropfen Kamille

LOTION

15 ml Aloe-Vera-Gel
15 ml Johanniskrautöl
4 Tropfen Kamille
8 Tropfen Lavendel
4 Tropfen Geranie

AEROSOL

250 ml stilles Mineralwasser
50 Tropfen Lavendel

ACHTUNG: Wenn Sie keine Lotion haben, ist Joghurt mit lebenden Kulturen ein guter Ersatz. Bei ernsten Beschwerden wie eine richtige Verbrennung behandeln und den Arzt hinzuziehen.

Herbst

Winterdepression

Die Uhren werden zurückgestellt, die Nächte werden länger – und Sie fühlen sich mies. Winterdepressionen oder „Sonnenhunger" können ein Gefühl tiefer Isolation und Hoffnungslosigkeit mit sich bringen – die darunter Leidenden wünschen nur noch, sie könnten Winterschlaf halten. Eine Lichttherapie, bei der eine Tageslichtlampe verwendet wird, kann durch ätherische Öle in Form von Bädern, Parfüms, Zerstäubern und Massagen noch besser wirken. Hier einige Vorschläge:

Heilbad

1 Tropfen Rose
1 Tropfen Orange
1 Tropfen Grapefruit
2 Tropfen Geranie oder Kiefer

Körperöl nach dem Baden

2 Tropfen Petitgrain
2 Tropfen Ylang-Ylang
2 Tropfen Orange
2 Tropfen Sandelholz
1 Tropfen Weihrauch

In 20 ml Mandelöl verdünnen.

Duftlampe/Zerstäuber/Aerosol

Wählen Sie aus:
Orange, Grapefruit, Limone, Bergamotte, Palmarosa, Kiefer, Zypresse, Myrte, Weihrauch oder Ingwer.

Parfüm

2 Tropfen Jasmin

Unverdünnt auf die Handgelenke oder hinter die Ohren tupfen.

WINTER

EINFACHE ERKÄLTUNG

Die ersten Anzeichen sind gewöhnlich Halsweh, Kälteschauer, Niesen, Kopf- und Gliederschmerzen. Gehen Sie sofort ins Bett, ruhen Sie so lange wie möglich, und trinken Sie viel Mineralwasser. Bäder, Inhalationen und Brusteinreibungen bringen Sie schnell wieder auf die Beine.

BAD

2 Tropfen Teebaum
1 Tropfen Eucalyptus globulus
1 Tropfen Limone

DAMPFINHALATION

1 Tropfen Myrte
1 Tropfen Rosmarin
1 Tropfen Benzoe

In eine Schüssel mit heißem Wasser geben.

DUFTLAMPE/ ZERSTÄUBER/ AEROSOL

Wählen Sie aus:
Eucalyptus globulus oder citriodora, Limone, Schwarzer Pfeffer, Kiefer, Zypresse, Teebaum, Honigmyrte, Weihrauch, Palmarosa, Rosmarin oder Lavendel.

BRUSTEINREIBUNG

2 Tropfen Eucalyptus globulus
1 Tropfen Honigmyrte
1 Tropfen Majoran oder Ingwer
1 Tropfen Weihrauch

In 15 ml Mandelöl verdünnen.

WARNUNG: Wenn die erhöhte Temperatur anhält, nehmen Sie ärztliche Hilfe in Anspruch. Verwenden Sie niemals ätherische Öle anstelle von verschriebenen Medikamenten.

FRAUEN

BLASENKATARRH

Infektion und/oder Entzündung der Blase, die häufigen Harndrang und brennenden Schmerz beim Wasserlassen hervorruft. Halten Sie den Körperbereich so sauber wie möglich, dabei immer von vorne nach hinten wischen. Trinken Sie viel Mineralwasser, aber keinen Tee, Kaffee oder Alkohol, und halten Sie den Unterleib warm. Regelmäßige Sitzbäder, begleitet von Massage und Waschungen, helfen gut.

SITZBAD

2 Tropfen Sandelholz
2 Tropfen Bergamotte oder Kamille
2 Tropfen Lavendel

Zwei- oder dreimal täglich.

WASCHUNG

50 ml abgekühltes, abgekochtes Wasser
2 Tropfen Kamille
2 Tropfen Bergamotte oder Teebaum
3 Tropfen Lavendel

Die Mischung gut schütteln, auf ein Wattepad geben und den Intimbereich nach dem Wasserlassen damit reinigen.

MASSAGE

2 Tropfen Sandelholz
1 Tropfen Kamille
1 Tropfen Wacholder

Mit 10 ml Mandelöl verdünnen.
Unteren Rückenbereich und Unterleib zwei- oder dreimal täglich damit massieren.

WARNUNG: Ein verschleppter Blasenkatarrh kann zu ernsthaften Erkrankungen führen. Wenn die Symptome andauern, gehen Sie zum Arzt.

PILZINFEKTIONEN

Pilze gedeihen in feuchten, warmen Klimata und befallen gewöhnlich den Mund- oder den Vaginalbereich. Sie können durch Geschlechtsverkehr übertragen werden, aber auch nach längerer Einnahme von Antibiotika oder als Nebenwirkung der Antibabypille auftreten.

VAGINALE PILZINFEKTION

SITZBAD

2 Tropfen Teebaum
2 Tropfen Lavendel
1 Tropfen Rose oder Geranie

Zwei- bis dreimal täglich.

ORALE PILZINFEKTION

MUNDSPÜLUNG

250 ml warmes Wasser
2 Tropfen Teebaum
oder 1 Tropfen Myrrhe

Den Mund zwei- oder dreimal täglich spülen. **Nicht schlucken.**

WARNUNG: Vermeiden Sie synthetische Unterwäsche, essen Sie reichlich Joghurt mit lebenden Kulturen, und reduzieren Sie Ihren Zuckerkonsum. Wenn die Symptome anhalten, konsultieren Sie einen Arzt.

PRÄMENSTRUELLES SYNDROM

Dieser Begriff beschreibt eine Vielzahl von physischen und psychischen Beschwerden, die in der Woche vor der Periode auftreten können. PMS ist gewöhnlich mit hormonellen Schwankungen und verstärkter Wassereinlagerung verbunden. Die Symptome variieren gewaltig, sie reichen von Kopfschmerzen über Depressionen und Stimmungsschwankungen bis hin zu schmerzenden Brüsten, Ödemen und allgemeiner Aufgedunsenheit. **Die beste Maßnahme ist, einen qualifizierten Aromatherapeuten aufzusuchen.** Inzwischen ein paar Vorschläge:

ENTSPANNENDES, ENTGIFTENDES BAD

1 Tropfen Wacholder
2 Tropfen Geranie
1 Tropfen Ylang-Ylang

UNTERLEIBSMASSAGE GEGEN SCHMERZEN UND BLÄHBAUCH

1 Tropfen Salbei
1 Tropfen Kamille
2 Tropfen Lavendel

Mit 10 ml Mandelöl verdünnen.

AUFMUNTERNDES PARFÜM

2 Tropfen Rose
2 Tropfen Neroli (nach Wunsch)
4 Tropfen Lavendel
4 Tropfen Petitgrain oder Orange
1 Tropfen Benzoe

Mit 20 ml Jojoba- oder Kokosöl verdünnen, oder wenden Sie die in der Einleitung auf Seite 11 beschriebene Methode an.

TRÜBSAL VERTREIBENDE DUFTLAMPE

2 Tropfen Bergamotte
1 Tropfen Limone
1 Tropfen Petitgrain
1 Tropfen Rosmarin
1 Tropfen Pfefferminze

WECHSELJAHRE

Die Wechseljahre treten gewöhnlich im Alter zwischen 45 und 55 Jahren auf, wenn die Eierstöcke weniger Östrogen produzieren, die Monatsblutungen langsam aufhören und der weibliche Körper sich auf ein neues hormonelles Gleichgewicht einstellt. Für manche Frauen ist das eine Phase der Verjüngung und Entspannung, andere dagegen leiden unter Müdigkeit, Depressionen und einem Gefühl der Hoffnungslosigkeit. Zu den klassischen Symptomen gehören Hitzewallungen, Schwindel und Herzrasen. Es gibt viele hilfreiche ätherische Öle. Dies sind einige Anregungen:

HITZEWALLUNGEN: SOFORTMASSNAHME

Halten Sie immer eine Flasche Lavendel in Ihrer Tasche bereit, und benetzen Sie Stirn, Schläfen, Nacken und Handgelenke, wenn ein Anfall droht. Sie können auch ein kühlendes Aromawasser verwenden – siehe Rezept Seite 11.

HERZRASEN: SOFORTMASSNAHME

Lassen Sie kaltes Wasser über Ihre Handgelenke laufen, oder füllen Sie eine Schüssel, geben Sie ein paar Tropfen Ylang-Ylang und Geranie dazu, und halten Sie Ihre Hände und Handgelenke hinein. Inhalieren Sie Lavendel und Kamille von einem Taschentuch. Massieren Sie regelmäßig die Gegend um Ihren Solarplexus mit einer dreiprozentigen Verdünnung von Lavendel, Kamille oder Neroli.

HITZEWALLUNGEN: BAD UND MASSAGE

REZEPT 1

2 Tropfen Zypresse
2 Tropfen Geranie
1 Tropfen Salbei oder Kamille

Für die Massage mit 10 ml Mandelöl verdünnen.

HITZEWALLUNGEN: BAD UND MASSAGE

REZEPT 2

2 Tropfen Zypresse
2 Tropfen Palmarosa
2 Tropfen Sandelholz

Für die Massage mit 10 ml Mandelöl verdünnen.

KÜHLENDES PARFÜM

2 Tropfen Jasmin
4 Tropfen Palmarosa
1 Tropfen Grapefruit
1 oder 2 Tropfen Patchouli oder Sandelholz
Mit 15 ml Jojoba- oder Kokosöl verdünnen, oder verwenden Sie die auf Seite 11 beschriebene Methode.

KINDER

NASENBLUTEN

Kleidung lockern und mit leicht vorgebeugtem Kopf sitzen lassen. Veranlassen Sie den Patienten, durch den Mund zu atmen.
Zwicken Sie leicht den weichen Bereich der Nase, und legen Sie eine kleine kalte Kompresse auf. Fünf oder zehn Minuten liegen lassen.

KOMPRESSE

250 ml kaltes Wasser
1 Tropfen Lavendel
1 Tropfen Geranie

WARNUNG: Wenn die Blutung anhält oder durch eine Verletzung verursacht ist, holen Sie ärztliche Hilfe. Nasenbluten kann manchmal ein Anzeichen für eine ernstere Erkrankung wie z. B. Bluthochdruck sein.

SCHLUCKAUF

Der alte Trick, etwas Kaltes den Nacken herunterlaufen zu lassen, wirkt manchmal, aber die beste Hilfe ist eine aktualisierte aromatherapeutische Version der Papiertütenmethode.

REZEPT

Geben Sie einen Tropfen Lavendel oder Orange in eine Papiertüte. Halten Sie diese über Mund und Nase, und veranlassen Sie den Patienten, zehn bis zwanzig tiefe Atemzüge zu tun.

ASTHMA

Die Verwendung ätherischer Öle sollte bei Asthmatikern nur mit größter Vorsicht erfolgen, denn einige davon können bei empfindlichen Personen allergische Reaktionen auslösen, insbesondere bei Kindern. Verwenden Sie nur beste Öle. Verzichten Sie auch auf die Anwendung von Dampf.

Zu den Ölen, die sich für Erwachsene als hilfreich erwiesen haben, gehören: Zypresse, Lavendel, Geranie, Majoran, Weihrauch, Eukalyptus, Pfefferminze, Kamille, Ylang-Ylang und Neroli.

Bei einem unerwarteten Anfall sofort einen Arzt rufen. In der Zwischenzeit setzen Sie den Kranken in eine stabile aufrechte Position, die Ellbogen ruhen auf einem Tisch oder einer Stuhllehne, so daß der Brustkorb leicht angehoben ist. Warmhalten, vielleicht mit einer Wärmflasche auf der Brust, und leicht auf beiden Seiten des Rückgrats nach oben massieren. Geben Sie eins der oben erwähnten Öle zur Inhalation auf ein Taschentuch.

WARNUNG: Bei Kindern unter acht Jahren nur Geranie oder Lavendel verwenden. Benutzen Sie niemals ätherische Öle anstelle von ärztlich verordneten Medikamenten.

KOLIKEN

Warmer Umschlag, gefolgt von sanfter Unterleibsmassage.

KOMPRESSE

250 ml warmes Wasser
1 Tropfen Kamille
1 Tropfen Lavendel

Legen Sie für etwa zehn Minuten die Kompresse auf den Unterleib; bei Bedarf wechseln.

MASSAGE

1 Tropfen Lavendel
1 Tropfen Orange
1 Tropfen Kardamom oder Koriander
(nach Wunsch)

In 10 ml Mandelöl verdünnen.
Fünf Minuten oder bis der Schmerz nachläßt im Uhrzeigersinn massieren.

WARNUNG: Bei Kindern unter sieben Jahren nur Lavendel verwenden.

OHRENSCHMERZEN

Das Ohr ist sehr empfindlich, versuchen Sie deshalb nicht, ätherische Öle hineinzuträufeln, außer unter professioneller Anleitung. Ein warmer Umschlag dagegen wird die von einer Erkältung oder einer leichten Infektion verursachten Schmerzen häufig lindern. Eine andere nützliche Methode ist eine sanfte Massage rund um das äußere Ohr.

KOMPRESSE

250 ml warmes Wasser
1 Tropfen Kamille

MASSAGE

1 Tropfen Majoran
1 Tropfen Lavendel

In 5 ml leicht angewärmtem Mandelöl verdünnen und die Rückseite des Ohrs massieren.

HYPERAKTIVITÄT

Fast food und Nahrungsmittelallergien haben sich als Hauptverursacher entpuppt. In jedem Fall sollte ärztlicher Rat eingeholt werden. Inzwischen kann eine Massage des Rückens, Unterleibs, der Hände oder Füße unmittelbar vor dem Zubettgehen, verbunden mit einem Zerstäuber im Schlafzimmer, hilfreich sein. Wählen Sie aus: Kamille, Lavendel, Petitgrain, Neroli, Palmarosa oder Geranie.

WARNUNG: Für Massagen nur eine zwei- oder dreiprozentige Verdünnung in Mandelöl verwenden. Bei Kindern unter sieben Jahren nur Lavendel benutzen.

HAUTPROBLEME

EKZEME

Ekzeme zeigen sich in Form von juckenden, schuppigen Hautflecken, die rot und lästig sein können und manchmal nässen. Sie sind oft schwer zu behandeln und können durch Streß, Allergien oder sogar genetisch bedingt sein. Die schulmedizinische Behandlung umfaßt in der Regel den Gebrauch von Cortisonsalbe. Als Notmaßnahme nimmt eine kühle Kamillenkompresse den Juckreiz, bei nässenden Stellen kann je ein Tropfen Wacholder und Geranie in 15 ml Schlüsselblumenöl helfen. Dies ist ein Allzweckrezept:

EKZEMLOTION

1 Tropfen Kamille
2 Tropfen Geranie
2 Tropfen Lavendel
1 Tropfen Sandelholz oder Benzoe

Mit 15 ml Schlüsselblumenöl oder einer unparfümierten, leichten, wasserhaltigen Creme verdünnen.
Andere nützliche Öle sind: Rose, Neroli und Patchouli.

ZELLULITIS

Kann durch hormonelle Veränderungen im Körper hervorgerufen werden und ist stark abhängig von Kreislauf, Ernährung und Lebensweise. Dieses Problem bekommt man nur mit einiger Anstrengung in den Griff. Belegen Sie einen Kurs in Lymphdrainage, und seien Sie darauf gefaßt, hart an sich zu arbeiten. Gesunde Ernährung, mehr Sport, regelmäßiges Trockenbürsten sowie Massagen sind notwendig.

Zellulitis-Mischung

2 Tropfen Eucalyptus citriodora
2 Tropfen Zypresse
1 Tropfen Patchouli

Mit 10 ml Mandelöl verdünnen. Vor dem Baden die Haut mit einer Bürste oder einem Luffaschwamm massieren. Nach dem Bad mindestens 20 Minuten ruhen, danach das Öl auftragen.
Andere nützliche Öle: Grapefruit, Limone, Rosmarin, Wacholder und Schwarzer Pfeffer.

Akne

Nicht nur ein Pubertätsproblem. Pickel und Mitesser werden durch überaktive Talgdrüsen verursacht, die unter der Hautoberfläche sitzen. Raffinierte, gezuckerte und fette Speisen sollten Sie weitestgehend meiden, die Haut muß sorgfältig saubergehalten werden. Akne spricht gut auf ätherische Öle an, einige können in der täglichen Routinekosmetik verwendet werden.

Gesichtsöl/Akne

1 Tropfen Sandelholz
2 Tropfen Palmarosa
1 Tropfen Limone
1 Tropfen Lavendel oder Kamille

Mit 15 ml Nuß- oder Aprikosenkernöl verdünnen. Abends und morgens anwenden. Legen Sie nach dem ersten Auftragen eine warme Kompresse auf, um die Aufnahme in die Haut zu unterstützen, danach noch einmal auftragen.

Gesichtssauna

1 Tropfen Lavendel
1 Tropfen Wacholder oder Limone

In eine Schüssel mit heißem Wasser geben. Drei- bis viermal pro Woche anwenden.

Tupflotion

Je 1 Tropfen Teebaum, Limone und Lavendel

Mit 10 ml Zaubernuß verdünnen. Nehmen Sie ein Wattepad, und betupfen Sie die Pickel vorsichtig.
Andere nützliche Öle: Myrte, Neroli, Petitgrain, Geranie, Myrrhe.

GEPLATZTE ÄDERCHEN

Betrifft meist helle und empfindliche Haut, aber auch jene, die ständig Sonne und Wind ausgesetzt ist. Mit Vorsicht behandeln. Heiße Bäder, Sauna und aggressive Seife helfen nicht. Massieren Sie das Gesicht sanft und regelmäßig.

GESICHTSÖL

1 Tropfen Kamille und/oder Rose

Mit 5 ml Macadamianußöl oder Passionsblumenöl verdünnen.

RAUHE HÄNDE

Oft verursacht durch Waschen der Hände mit kaltem Wasser und mangelhaftes Abtrocknen, besonders bei kalter Witterung.

HANDCREME/-ÖL

2 Tropfen Benzoe oder Myrrhe
2 Tropfen Sandelholz
2 Tropfen Lavendel

Mit 15 ml Macadamianußöl oder einer unparfümierten Basiscreme verdünnen. Tagsüber verwenden.

GESELLIGKEIT

ATMOSPHÄRE SCHAFFEN

MISCHUNGEN FÜR ZERSTÄUBER UND DUFTLAMPEN

DINNERPARTY

3 Tropfen Petitgrain
2 Tropfen Salbei
2 Tropfen Sandelholz
2 Tropfen Koriander
oder Schwarzer Pfeffer

FRÜHSTÜCK

2 Tropfen Bergamotte
2 Tropfen Grapefruit
1 Tropfen Myrte
2 Tropfen Wacholder

KAFFEE & KUCHEN

3 Tropfen Geranie
1 Tropfen Rose
3 Tropfen Zypresse
2 Tropfen Sandelholz

FESTLICHE ANLÄSSE

1 Tropfen Ingwer
3 Tropfen Koriander
4 Tropfen Orange
2 Tropfen Weihrauch

PARFÜMS

Parfüms sind ein wichtiger Bestandteil des sozialen Lebens – aber die Auswahl ist eine sehr individuelle Angelegenheit und letztlich eine Frage des Geschmacks. Ein eigenes Parfüm herzustellen kann viel Freude machen, und es gibt für jeden Anlaß den passenden Duft. Die unten aufgeführten Mischungen sollen Ihnen lediglich eine Anregung geben, Ihr persönliches Parfüm zu kreieren.

Düfte können sehr grob folgendermaßen unterteilt werden:

MASKULINE NOTEN: Weihrauch, Sandelholz, Vetiver, Salbei, Koriander, Schwarzer Pfeffer, Wacholder, Limone, Grapefruit, Jasmin, Petitgrain, Zypresse, Rosenwasser.

FEMININE NOTEN: Benzoe, Myrrhe, Patchouli, Ylang-Ylang, Neroli, Palmarosa, Bergamotte, Orange, Kamille, Lavendel, Geranie, Rosen-Absolue.

HERRENPARFÜM

2 Tropfen Sandelholz
2 Tropfen Weihrauch
4 Tropfen Petitgrain
4 Tropfen Grapefruit
3 Tropfen Zypresse
2 Tropfen Salbei
1 Tropfen Schwarzer Pfeffer
1 Tropfen Rosenwasser oder Jasmin

DAMENPARFÜM

1 Tropfen Neroli
2 Tropfen Rosen-Absolue
4 Tropfen Lavendel
4 Tropfen Palmarosa
4 Tropfen Orange oder Bergamotte
1 oder 2 Tropfen Patchouli

Mit 30 ml Jojoba- oder Kokosöl verdünnen, oder verwenden Sie die auf Seite 11 beschriebene Methode.

Ob eine Mischung maskulin oder feminin ist, bestimmt natürlich nicht über ihren Benutzer; viele passen zu beiden Geschlechtern. Mischen und probieren Sie, haben Sie Spaß daran, und nicht vergessen: Die Düfte der Natur bleiben niemals die gleichen. Sie unterliegen konstantem Wechsel und Wandel, jeder natürliche Duft ist die Kreation eines Augenblicks – das ist das Besondere daran.

LITERATUR

Pierre Franchomme, Daniel Pénoel, *L'Aromatherapie Exactement,* Limoges 1990
E. Gildemeister, F. Hoffmann, *Die Ätherischen Öle,* Berlin 1956
William Pool, *Heilen durch Hoffnung,* Köln 1994
Jean Pütz, Christine Niklas, *Hobbythek, Gesundheit mit Kräutern und Essenzen,* Köln 1994
Kurt Schnaubelt, *Neue Aromatherapie,* Hrsg. von Jean Pütz, Köln 1995
Jean Valnet, *Aromatherapie,* München 1986

REGISTER